知的生きかた文庫

敵をつくらない　ホンネの伝え方

森優子

はじめに

人はなぜ、本音を言うことを躊躇《ちゅうちょ》するのでしょうか。

そこには、大きく分けて2つの心理が働いているような気がします。

1つは、本心を明かすことで相手から否定的な反応がくるかもしれないという不安や恐れを感じるからです。もう1つは、相手との関係性を大切にしたいがために、あえて本音を言うことを抑えようとする気持ちです。

不安や恐れを感じながら本音を言うのはとても勇気がいることですし、本音を言って大切な人に嫌われるくらいなら、言わないでおこうと思いますよね。

ですがこのような気持ちは、いつまでも保てるわけではありません。

言いたいことが言えない状況が続けば、そこから逃げ出したくなるのが人間です。

私にも苦い思い出があります。シングルマザーになったばかりの頃、短い期間でしたが少人数の会社に勤めていた時期があり、そこには、いつも機嫌が悪く、部下を頭から否定する嫌な上司がいたのです。特に、新しく入ってきた人に対して攻撃的な言葉の矢を飛ばすため、皆続かなくて辞めてしまいます。

当然、私も被害にあいました。20年以上も前のことなので、具体的に何を言われたのかは覚えていないのですが、嫌味だったことは確かです。それはほぼ毎日続き、ついには悔しさが爆発しました。なんと、泣きながらかんだ鼻水だらけのティッシュを軽く丸め、その上司めがけて思いっきり投げつけたのです。結果、1メートルほど距離が足らずに落下しました（笑）。皆さん決して真似をしないでくださいね。

人間は感情の生き物ですから、言いたいことを我慢し続けていたら、いつかは限界がくるものです。あの時、嫌味な上司に対して、「入ってきたばかりの未熟者にイライラするのはわかりますが、もう少し普通に話していただけると助かります」とか、「教えていただかないとわからないから聞いているのです」など、思ったことを伝えることができていたなら、状況が変わったかもしれないのです。少なくとも、自分の心を守ることはできていたに違いありません。

職場に、取引先に、学校に、家庭に、そこには必ず「人」がいます。

上司や先輩、同僚や部下、お客さま、友人や家族に至るまで、ストレスを与えるのが人ならば、受け取るのも人なのです。そんなストレスだらけの社会で、自分の心を守っていくためには、本音を上手に伝えながら過ごしていくことが唯一の方法です。

不思議なことに、本音を上手に伝えることができる人は決して敵をつくりません。むしろ、敵ではなく味方をたくさんつくることができます。

もっと言えば、敵さえも味方にしてしまうこともあるのです。

ぜひ本書を参考にしていただき、本音を上手に伝えるコツを身につけてほしいと思います。

自分の心を守るのは自分です。

本音を言ったら否定されるのではないか、嫌われるのではないかと気にするジレンマから、上手に脱出していきましょう。

コミュニケーション・アドバイザー　森　優子

Contents

第3章 敵と思わせず、相手に好印象を与える

第4章
本音がさらりと通る、伝え方のコツ

第5章

場面別・相手別 本音を伝える上手な言い回し

第6章

相手との関係別　注意しておきたいこと

編集協力　糸井 浩
本文DTP　(株)Sun Fuerza

第1章

あなたがツラいのは、「言いたいこと」を我慢しているから

上司からの無理難題に苦しんでいるのは、あなただけじゃない！

友人に、夜遅くまで残業する日が増えて悩んでいる事務職の女性がいました。急な退職者が出たことで「後任者が採用されるまでの間、退職者の仕事もやってもらいたい」という上司からの頼みを、二つ返事で受け入れたことが発端でした。

営業職をしている30代後半の男性は、休日の土日どちらかは出社をして体を酷使しています。毎週金曜日にくる「週明け月曜日までに送ってほしい」というクライアントからのタイトな期限付き難題を、受け入れ続けているのが原因です。

サービス業をしている30代前半の男性は、週に一度しかない貴重な休日にかかってくる上司からの電話に出ないわけにもいかず、精神的に追い込まれていました。

皆さんもうお気づきだと思います。

この3人に共通してるのは、真面目で責任感が強いことです。

加えて、後輩を育成するのも上手なため、上司はもちろんのこと取引先からの信頼も厚いのが特徴です。それはとても素晴らしいことです。

しかし、無理難題でも期待に応えようと頑張り過ぎてしまい、ギリギリまで自分を追い込んでしまうのです。

私はそれぞれ3人に、今の辛い状況を上司や取引先に伝えてみたらどうかと提案してみました。すると全員が「それは言いにくい」と言うのです。

事務職の女性は、転職して1年足らずだし、上司も周りの先輩たちも忙しそうで言えない。営業職の男性は、大切な顧客なので言えない。サービス業の男性は、ここまで育ててもらった恩があるから言えないのだそうです。

提案をしてみたものの、それぞれ3人の気持ちは痛いほどわかりました。

実は私にも、同じような経験があるからです。「はじめに」でお伝えした鼻水事件の話ではありません（笑）。

2人の子どもを育て上げるためにダブルワークをしていた頃の私は必死でした。朝5時半に起きて、子どもたちの朝ご飯、学校に持っていくお弁当と夜ご飯までをつくってから出社をし、営業活動を終えたら午後6時半には美容室へ行きます。髪をセットしてもらいながら、接客業へと気持ちを切り替えていきました。

深夜に帰宅をしてから持ち帰った仕事をすることもあったので、睡眠不足は慢性化していました。

「やるべきだ」という頑なな思いが「やらなくてはならない！」という我執になって、自分自身をマスト（Must）人間へと追い込んでいたのです。

私がリクルートの営業を始めてキャリアがまだ浅い頃のことです。

直属上司から、その日の営業を振り返るミーティングを、午後5時半から順次個別に行うことを告げられます。時間は15分で、私は6時からの枠でした。銀座にある指定美容室の予約は6時半です。それに間に合うためには、6時20分には会社を出なくてはなりません。

人間は後が詰まっていると、時間が気になってしまうものです。個別ミーティング中に時計を気にすることが多くなり、終わったとたん疾風怒濤《しっぷうどとう》のごとく会社を出ていました。そんな私の姿を、敏腕上司が不思議に思わないわけがありません。ですが上司は何も言わず、様子を見てくれていたことを後から知ることになります。

話はずれますが、このあと数年経って、銀座での接客業が板についた頃、ママの代役をしていた時期がありました。体調を壊したママが「しばらくお店を切り盛りしてほしい」と、私に白羽の矢を立てたのでした。

リクルートの仕事をしながら重責を担うことに不安はありましたが、それだけ信頼してもらっていることが嬉しく、二つ返事で引き受けてしまったのです。

ところが実際に蓋を開けてみたら、ママの笑顔の裏にある数々の苦労と努力を嫌というほど知ることになります。

お店を切り盛りする大変さは想像以上だったのです。

あなたが本音を口にしないと、今の「ツラい状況」は変わらない

前項で紹介したエピソードの続きを、遡ってお話ししていきますね。

銀座のお店を任されたということは、鍵を預かっています。スタッフの誰よりも早く入店をし、誰よりも遅く帰らなければなりません。開店前の店内チェック、お酒の在庫チェックと酒屋さんへのオーダー、在籍ホステスへの諸連絡、接客しながらの売上チェックなど、当時の私は多岐にわたるママ業に右往左往していました。加えて、時々発生するホステスや、お客さま同士のトラブルも瞬時に解決しなくてはなりません。

そんな私を見て、先輩ホステスが「明日は私がお店を開けましょうか」と言ってくれることがありました。そのたびに「ありがとう。でも大丈夫よ」と断っていたのです。代わってもらえたらどんなに助かるかと思いながらも、酔って鍵をなくさ

れたら大変だという思いが優先していたのです。また、ママから言われた「頼んだわよ」という言葉も重くのしかかっていたのだと思います。

結果、ママが復帰するまでの約1年間を無事やり遂げるわけですが、鍵は別として、頼めることは信頼できるホステスにお願いしていれば、背負う荷物が少しは軽くなっていたのだと、思い出しながら苦笑しています。

さて、話をリクルートのエピソードに戻します。リクルートの敏腕上司との、午後6時から始まる営業ミーティングで疾風怒濤のごとく会社を出ていた私は、時間というしがらみにツラさを感じるようになっていました。時計を気にする態度は上司に失礼ですし、息を荒らげてギリギリまたは遅れて美容室に駆け込めば担当美容師にも失礼です。この板挟みのツラさを解決するには、思いきって上司に、夜の接客業をカミングアウトするしか方法はないと思いました。

「クビを覚悟でお話しします」と言ってから、すべてを伝えました。

すると上司は、ホッとしたときに出る流暢《りゅうちょう》な関西弁で「なんやそうなんや。ほんなら森さんは5時半の人と交換しましょ」と、ミーティング時間の変更を提案してくれたのです。副業をいち早く推奨している会社だったことも幸いしていましたが、嬉しかったのは、ダブルワークをしていることを最後まで上司だけの胸に秘めておいてくれたことです。営業成績がよくないときに、部署の人たちから「夜も働いているからでしょ」と思われたくない私の負けず嫌いな性格を、誰よりも理解してくれていたのです。

きびしくも愛情あふれる敏腕上司がいたからこそ、先に話したママの代役も、その後やり遂げることができたわけです。

さて、最初にお伝えした3人はその後どうなったか気になりますよね。

後任が採用されるまで業務量の増加で悩んでいた事務職の女性は、体調を崩し1週間会社を休むことになってしまいました。その間、先輩の1人がやむを得ず休んだ彼女の仕事をしたことで大変さを実感し、上長に状況の改善策を求めたのです。

結果、体調を壊した彼女が復帰してからは、新任が来るまでの約1カ月を先輩と2人で協力しながら業務をこなしていったとのことです。

取引先からの無理難題を全部受け入れ、毎週のように休日出勤をしていた男性は、数回にわたり心臓の手術をし、回復したとはいえ、今でも常備薬が離せません。


休日に上司から電話がかかってくることで悩んでいたサービス業の男性は、勇気を出して次のようにお願いしてみたそうです。

「だいぶ前から眠れない日が続いているので、できたら休日は心身を休めたいです。緊急事項でなければ、連絡は月曜日にお知らせいただけると助かります」

すると、休日に電話がかかってこなくなったそうです。

思いきって本心を伝えたからこそ、心のSOSに気がついてもらえたのです。

ツラいことは、口に出して相手に言わないと体調を壊してしまいます。

体調を壊す前に、勇気を出してSOSを出しましょう。

「営業の最前線」と「夜の銀座」で培った、本音を伝えるコツ

「競争心や闘争心をむき出しにしないこと」

これは、本音を上手に伝えるための大きなコツだと言えます。

営業でも接客業でも、よい意味で負けたくない強さを秘めておくことは大事なことですが、「あなたにお願いしたい」と、**お客さまから選んでもらうには、強過ぎる言い方をしない方が上手くいきます。**

なぜなら、強引な営業方法だと相手に感じさせてしまうからです。

世の中に次々と強力な求人サイトが現れ、競合他社との営業最前線の中で自社を選んでもらうことは、営業マンにとっては毎日が闘いのようであり、相当のプレッシャーがありました。

「リクルートさんにはもう少し安いプランはないの？　実は他社からも色々話を聞いているんだよね」という言葉を、何度お客さまから聞かされたことでしょう。

例えばそんなとき、「弊社は少し高いかもしれませんが、お客さまの満足度は他社よりかなり高いです」「いい人が登録しているのでまずはやってみることをおすすめします」とアプローチするのと、**「他社さまからもお話を聞いていらっしゃるのですね。御社にとって最善の方法で結果に繋がることを望んでおりますので、じっくりご検討していただければと思います」**と、オブラートに包んだ言い方で答えるのとでは、どちらが強引に感じるでしょうか？　答えは言うまでもありませんね。

もちろん後者のように答えるには、本心からお客さまに寄り添う気持ちを持たなくてはなりません。「それならどうぞ他社でやってみてください」のようなトゲのある言い方では、競争心がむき出しです。

決めるのはお客さまです。そのように言いたくなっても、その本音をいったんお客さまファーストというオブラートに包みましょう。すると、お客さまの心にオブラートが溶けていき、あなたの本音という薬がじわじわと効いてくるのです。

私は秘かにこれを「本音の処方箋」と呼んでいます。

つまり、本音を上手に伝えるための薬です。

私が自分によく出していた本音の処方箋は、**「他社からもご提案があるのですね。承知いたしました。御社にとってよい結果に繋がる手法を選んでいただくことを私も望んでおります。お決まりになるまで、ご不明点やご質問がございましたら何なりと申し付けてください」**でした。

その後、「ぜひお願いします」という嬉しいお返事をいただくこともあれば、「申し訳ないが今回は他社でやってみることにした」と、お断りのお返事のときもありました。ですが、残念な結果でも知らせてくださったお客さまの誠意を嬉しく思ったものでした。

その誠意に対して、御礼と感謝の気持ちを伝えたら、数カ月後に「お願いします」という朗報が飛び込んでくることがあり、本音の処方箋は、このように後から効いてくることもあるのだと実感しました。

そしてこの処方箋は、銀座の世界でも効力を発揮していました。

お客さまに継続してご来店していただくためには、その気持ちを強く出し過ぎては逆効果です。

夜の並木通りで、目くじらを立てて「なんで来てくれないのよ！」と電話で叫んでいる女性を何度も見たことがあります。

その顔つきは鬼の形相であり、思わず鏡を差し上げて、「今のご自分の顔つきを見てごらんなさい」と言いたくなるほどでした。

人は、畳みかけるように追いかけられると逃げたくなる生き物です。電話の向こう側にいるお客さまの心情が痛いほど伝わってくるようでした。

しばらく足が遠のいているお客さまへ、本音を上手に伝えるコツを知っているホステスは、笑顔の声で次のように言います。

「モテモテで困ってらっしゃるでしょう？　どこで浮気しても（お店のこと）かまわないから、そのかわりいいお店があったら教えてくださいね」

いかがでしょうか。

もし皆さんがお客さまだとしたら、目くじらを立てて叫んでいた女性と、どちらの女性に会いたくなりますか？

繰り返しますが、決めるのはあくまでもお客さまです。

営業でも接客業でもお客さまに選んでいただくためには、**競争心や闘争心をむき出しにするのではなく、お客さまファーストというオブラートに包んで、本音をじわじわと効かせていきましょう。**

一流のホステスは「たちの悪い酔っ払い」も、言葉巧みにコントロールする

夜の接客業でホステスを悩ませるのは、たちの悪い酔っ払いです。

お酒が出る環境で働くのですから、仕方がないと言えばそれまでですが、たちの悪い酔っ払いには、ほとほと参ります。これはホステスに限らず、飲食業界で働く人の大きな悩みの1つだと言えるでしょう。敷居が高そうなバーやクラブだからといって、きれいな飲み方をするお客さまばかりではないのです。

私が働いていた銀座のお店にも、たちの悪いお客さまが発生することがありました。**そんなとき私は「困ったたちゃん発生！」と心の中で緊急ボタンを押して、気持ちを母親モードに切り替えていました**。これは、銀座のママから習った術です。

例えば、お酒が強くないのにお酒に飲まれ泥酔してしまうタイプのお客さまの多

くは、鼓膜が破れるほどの大声で話すため唾が飛んできます（汗）。おつまみのピーナツが混ざった飛沫のときもあります（泣）。慣れていないホステスが、顔には出さないけれど、思わずハンカチや手で自分の口を押さえてしまうのも無理はありません。

慣れているホステスは、瞬時に気持ちを母親モードに切り替えます。

「あらあら○○さま、お子ちゃまですねえ。唾が飛びまくってますよ」と笑顔で言って、おしぼりでお客さまの口元をそっと拭って差し上げるのです。するとどうでしょう。必ずそこで数秒間、お客さまは固まるのです（笑）。会社で立場のある男性が、ここではされるがままの幼児のようになっている様子はいささか滑稽です。

また、自分がどれだけ飲んでいるのかわからなくなり始めたお客さまには、お酒をストップさせないと危険なことになりかねません。お水を用意し、ホステスはお酒をつくることをやめます。それでも空になったグラスを何度もエア飲みし、お酒のお代わりを要求してくることがあります。慣れていないホステスが固まってしまうと、「何やってるんだ、早くつくりなさいよ」と暴言を吐き出す始末です。

このようなときも、慣れている一流のホステスは、瞬時に母親と化します。「本当に困ったお子ちゃまですねえ〜、ほらほらお水を飲んで！」と、グラスをお客さまの口元へ運んでお水を飲ませて差し上げるのです。そうでもしないとお水を飲んでもらえないからです（グラスが割れたら危ないという理由もありますが）。

すると、堪忍したように両手をだらりと下げたまま（笑）、ごくごくとお水を喉に運ぶのです。

お酒を飲んでいるときに口元を拭いてもらったり、お水を飲ませてもらうことは、大人になってからは、ほとんどの人が無いに等しいでしょう。それだけに、プライドも何もかも捨てたその瞬間だけ、面倒を見てくれているホステスに母性を感じるのかもしれません。

いくつになっても、母親の力は大きいのです。

人にはタイプがありますから、一概には言えないかもしれませんが、会食の席などで困った人が発生したら、心のモードを母親に切り替えて、子どもを諭すように対応してみてはいかがでしょうか。

もちろん、セクハラまがいのことをしてきたら、それはアウトです。

「ここはそういう場所ではありませんよ」「お店を間違えていますよ」と言って、そっと手を振り払いましょう。

それでもしつこかったら、頼りがいのある先輩や上司にすぐに報告をして助けてもらいましょう。

そうそう、銀座では、セクハラまがいのことをされたお客さまには、「出禁」をちらつかせていました。お客さまは大切ですが、同じくらいお店で働くホステスも大切だからです。

本音を伝える目的は「論破する」ことではない

誰だって本音を言ってケンカをしたいわけではありません。本音を言わないと状況が変わらないから、本音を伝えることが必要になるのです。**あくまでも本音を伝える目的は、状況を今より少しでもよくすることなのです。**

その目的を忘れないようにすれば、感情的にならず無駄な言い合いに発展することはないでしょう。それどころか、逆に相手に信頼される可能性が高くなります。

「あの人はきびしいことも言うけれど、本音で言ってくれていることがわかるから信用できる」という声を、多く聞くようになりました。

また、「あの人は裏表がないから信用できる」という声もよく聞きます。

なぜなら、目の前の状況を客観的に見て判断をしていることがわかるからです。

そのような人は、感情に左右されることなく偏った見方をしません。そのため、言われたときは多少ショックがあっても、後から「確かにその通りだ」と気づき、気づかせてくれたことに感謝の気持ちを抱くことができ、信頼へと繋がるのです。

知り合いの大手建設会社の部長は、お客さまからのフィードバックを怠る部下に対して、次のように諭して改善していくそうです。

「もし君が部長だったとして、部下からの報告がいつまで経っても来なかったらどう思う？」

すると、「それは困ります」という答えが部下から返ってくる。「そうだよね、困るよね。それなら、俺が困っているのはわかるよね」と言って、迅速なフィードバックができるように育成していくのだといいます。

もしこれが、頭ごなしに怒られたらどうでしょう。

「何で報告しないの？」「いつも言ってるでしょ」「何回言ったらわかるの」と、言いたくなる気持ちはわかりますが、これでは部下を言い負かしているだけになってしまいます。かえって部下は萎縮してしまい（または開き直るかもしれません）、改善には時間がかかってしまうでしょう。

この部長のように、逆の立場になったときのことを想像してもらうことで、自分の悩みが部下に伝わり、同じことを繰り返さないように成長していくのですね。

相手に自分の立場になったときのことを想像してもらい、自分の本音を理解してもらうのは、上手な本音の伝え方です。

これは、上司や部下の関係だけでなく、友人や知人、パートナー、家族間でも同じことが言えそうです。

ですが気をつけることは、友人や知人なら利害関係を持つことなく、相手の状況が少しでもよくなることに願いを馳せることが前提です。

また、家族だからといって感情的にならないようにして、本音や意見を伝えていくことが大切です。

本音を伝えられると、人間関係がずっとラクになる

「何であのとき言わなかったの？」

このように言われたことが、皆さんにも一度はあるのではないでしょうか。

例えば親子なら、「何であのとき言わなかったの？」のひと言でその関係性に深くヒビが入ることはないでしょう。そのときは不快な空気が流れたとしても、早い段階で元の仲に戻れるのではと思います。

ですが、友人、恋人やパートナーだとしたらどうでしょう。

「そっか、本当はそう思っていたんだね」と優しく受けとめてくれる人ばかりとは限りません。後になって本音を言ったことを謝ったとしても、関係性にどこかしこ

りが残ってしまうことは稀ではないのです。

あのときあの場面で、素直に本心が言えていたら、相手との関係性は違っていたかもしれないと後悔をしたことが私にもあります。

人はなぜ、その場で本音を言えないのでしょうか。

1つには、**意地を張って素直になれないからです。**わかりやすく恋愛でたとえると、「僕たち（私たち）、もう別れよう」と言われて、本当は別れたくないのに「わかった」と答えてしまう。または本心でないのに「別れよう」とつい言ってしまい、予想外に相手がすんなり納得でもしたら、その瞬間から後悔が始まります。この後悔を一生背負って生涯独身でいる人は意外と多く、私が知っているだけでも5～6人はいます。

その一方で、意地を張らずプライドも捨てて「別れたくない」と本音をぶつけたことで、しばらく紆余曲折があっても結果的に「あのとき別れなくてよかった」と、今では安定して上手くいっているカップルもたくさんいます。そしてその人たちに共通しているのは、お互いに感謝の気持ちを持ち続けていることです。「彼（彼女）には、感謝しかない」と、今一緒に過ごしていることに心から感謝をしているのです。その言葉は、第三者の私が聞いていても目頭が熱くなります。

その場で本音を言えない原因の2つ目は、**遠慮して言えない場合です。**

先にも触れましたが、上司や取引先など、仕事関係の人から頼まれたらＮＯとはなかなか言えないものです。ですが、思い切って本音が言えて状況が改善されたら、気持ちに余裕ができて笑顔も増えていくことでしょう。相手との関係性もグッとラクになっていくはずです。

このときに忘れてはならないのは、やはり感謝の気持ちです。

「本心を聞いてくださりありがとうございます」「状況を改善してくださり助かりました」と言って、感謝の気持ちを伝えましょう。そうすることで、上司や取引先も「それはよかった」「こちらこそ気がつかなくて悪かった」と、相手に寄り添う気持ちになるのです。

本音を伝えられると、心が軽くなって余裕が生まれます。その余裕が笑顔となり、その後の人間関係によい影響を与えていきます。

たとえ思うような結果に繋がらなかったとしても、本音を言わないで後悔するより、言って後悔するほうが、前向きな意味であきらめがつくのではないでしょうか。

相手に本音を言うとき、押さえておきたい6つのポイント

本音を受け入れてもらうためには、その本音が本物だと信じてもらえるように伝えることです。そして本物だと信じてもらうためには、これからお伝えする６つの内容が大きなポイントになります。

1 相手に落ち着いてもらう雰囲気づくり

改まって時間をつくって本音を聞いてもらう場合は、相手が話を集中して聞けるような雰囲気をつくることが相手への配慮です。そのために「場所」にはこだわりましょう。

社内なら会議室で済むことも、社外ではそうはいきません。**静かで落ち着いた空間のカフェなどが最適です。**隣席との距離が近いと、話す側も聞く側も何となく落

ち着かないからです。また、居酒屋なら半個室などを選ぶといいでしょう。がやがやとにぎやかな場所は、お互いの声が聞こえづらいですね。聞こえないたびに「えっ?」と聞き返されて、そのつど大きな声を出して同じことを繰り返していたら、ヘトヘトに疲れそうです。聞き役もうんざりしてしまうかもしれません。

そうならないためにも、できるだけ落ち着いた雰囲気の場所を選ぶことを心がけましょう。

そして話をする前に「今日はありがとうございます」「大切な時間を頂戴して感謝いたします」と、御礼を忘れずに言いましょう。

最初に感謝の気持ちを伝えることで、相手は「よし、話を聞こう」と心が前のめりになり、本音を聞いた後も、感想やアドバイスを話しやすくなるものです。

2 礼儀正しい言葉づかいで、友好的な姿勢をアピール

礼儀正しい言葉とは、きれいな言葉です。できるだけきれいな言葉を使って話を

してみましょう。そうすれば、相手に丁寧な印象を与えることができます。**丁寧な印象を与える人に、嫌な感情を抱く人はいません。**「礼儀正しい人」というイメージとなって相手に映ります。

例えば「今度の件だけど、どう考えたって変でしょ」と言うのと、「今度の件は、少々理解に苦しみます」「私にはちょっと違和感があります」と言うのとでは、どちらが丁寧かは、言うまでもありませんね。本音を言うときこそ丁寧を心がければ、関係性にヒビが入ることはなくなりそうです。

何も、尊敬語を並べることはありません。

相手が人生の先輩でも後輩でも、できるだけきれいな言葉を選んで話すことは相手を傷つけることなく、自然と友好的な姿勢が相手に伝わるものだと思います。

そしてできれば、表情も柔らかくして眉間にシワを寄せないようにしましょう。堅苦しくない表情と丁寧な話し方は、相手の心を自然とオープンにするのです。

3 自分の本音を伝えるのは、相手の意見を認めてから

話が一方的にならないようにすることは、相手への思いやりです。

多くの人に信頼される人は、必ずと言っていいほど聞き上手で共感力があります。相手が自分とは違う意見を話し始めても、決して途中で遮ることをしません。最後まで話を聞きます。驚くのはそれだけではありません。最後まで相手の話を聞いたら、自分の思いや考えを話す前に、まずは相手の意見を認めるのです。

「○○さんがそう思うのも無理はないと思います」「その考え方は決して間違ってはいないと思いますよ」と肯定してから、「私はこう思います」と言って、そこで初めて本音を伝えていくのです。

人には承認欲求があります。もちろんその度合いは人それぞれですが、本音を上手に伝える人は、最初に相手の承認欲求を満たしてから自分の本音を受け入れてもらうのです。

4 適度なユーモアで、深刻な雰囲気を追い払う

ちょっとしたタイミングで、ユーモアを交えると場が和むのは本当です。たとえそれが真面目なミーティングであっても、商談だとしてもです。

ですが、空気が張り詰めている場面でのユーモアは、レベルが高く感じますよね。ここでは、皆さんが「自分にもできるかもしれない」と思っていただけるユーモアを1つ紹介しましょう。

それは、仲間で楽しく会食をしていたときのことでした。

仲間の1人が、場を笑わそうと思ったのでしょう。いきなり訳のわからないギャグを言いました。誰もが一瞬固まります（笑）。ユーモアが大好きな私にも、意味を読み取れない奇行ともとれる発言だったのです。

思わず私は隣に座っていた30代の男性に「今のは……どういう意味かしら?」と聞きました。すると、男性は笑顔で次のように言ったのです。

「僕にはレベルが高過ぎるギャグで、よくわかりません」

一同大爆笑でした。

この男性のひと言が、程よいユーモアとなって固まった空気を一瞬で吹き飛ばしてくれたのです。

意味不明なギャグやジョークを言う人に「面白くないよ」と本音をぶつけるのではなく、意味不明なのは相手のレベルが高過ぎるからだと、自分を下に持っていったのですね。知性あるユーモアの術に、あっぱれでした。

5 感情的に見せないためには、声を荒らげないで、落ち着いて話すこと

カーレーサーは、常に冷静でなくてはならないと聞いたことがあります。

考えてみればその通りですね。命をかけてハンドルを握るのですから、カッとなっては大きな事故に繋がってしまいます。

どんなに悔しくても、冷静さを保てることが、自分も相手も守ることになるのです。

あるレーサーに、なぜ冷静さを保てるのか聞いてみたことがありました。

「それはね、**レースの本番以外でも常に落ち着いて話すことを意識しているから。**

例えば練習のとき、エンジントラブルなど車の不具合が起きることが頻繁にある。

そんなときも、大きな声を出したり短気を起こしたりしないようにしているんです。

なぜって、整備のスタッフだって一生懸命に努力しているのだからね」

20代前半の彼からこの話を聞いたとき、頭が下がる思いでした。

どんなに悔しくても、理不尽なことがあったときでも、冷静に落ち着いて話すことを心がけたいものです。

6 相手の表情や気持ちをよく観察する

話し始めて、相手がイライラしていたり機嫌が悪そうだと感じたら、本音を受け入れてもらえるどころか、話さえきちんと聞いてもらえない可能性があります。

そのようなときは、**「話を続けても大丈夫ですか?」と尋ねてみましょう。**

または、「もし話を聞いていただくタイミングが悪かったとしたら申し訳ないで

す」と言って、相手の反応を待ってみることです。

「そんなことないですよ」と言われたら、引き続き相手の表情を見ながら、話していきましょう。

それでも、どこか上の空だったら、「改めますので、話を聞いていただけるときをもう一度つくっていただくことは可能でしょうか」とお願いしてみましょう。

さすがにそのときは、集中して聞いてくれるでしょう。

本音を受け入れてもらうためには、話すタイミングを相手に合わすことはとても重要です。

間違っても、「聞いてますか？」「聞いてないでしょ！」と、トゲを投げないようにしましょう。

第2章

「本音を話しても敵をつくらない人」がしていること

いつも「相手を立てる」を意識している

本音を上手に伝えられる人は、ふだんから相手を立てることを忘れません。

なぜなら、その根底に相手へのリスペクトがあるからです。

リスペクトは信頼関係を築いていく上で最も大切な土台です。

人に対してリスペクトがある人は、挨拶こそ敬意の基本だと考えています。

それゆえ、自然に感じのいい挨拶ができます。

そして挨拶に**「今日はいいお天気ですね」「雨は降っていませんでしたか?」**と、ちょっとした雑談をプラスしてみたり、**「いいカバンですね」「春らしい装いが素敵ですね」「スカーフがお似合いです」**など、素敵な部分を発見したらほめます。

加えて聞き上手です。相手が話をしているときは、相手を立てて最後まで聞きます。やむを得ず途中で遮るときは、**「話を中断させて申し訳ない」「申し訳ない、ちょっと話してもいいですか」**など、断りを入れてから話すように気をつけます。

このようなリスペクトコミュニケーションは、相手に不快感を与えません。

相手を立てることを忘れないからこそ、本音を言うときも相手に不快感を与えることなく伝えることができるのです。

とはいえ「初対面や面識が浅い相手に対してリスペクトするなんて、できないです」という声も聞こえてきそうですね。ごもっともです。尊敬の念は、よほどじっくり話をしないと生まれないでしょう。それに、世の中はいい人ばかりではありません。安易に人を信じないようにすることはとても大事です。

ならば、「尊敬する」ではなく「敬意を持ってみる」という捉え方をしてみるのはどうでしょう。新たに出会った人が、友人や仕事関係の人からの紹介など、信頼できるバックボーンが根底にあるならば（ここ大事です）、警戒心を軽めにして、相手ファーストな姿勢をとることをおすすめします。

挨拶は笑顔で、自分からするように心がけて、相手から話しかけられたら笑顔で応えましょう。

余裕があればお天気などの雑談を加えて、相手の話は最後まで聞き、本音を言いたいときも相手の意見を肯定してから言うように意識をしてみるのです。

それができれば、あなたは間違いなく相手を立てられる人です。

本音を言うときも、上手に伝えることができるでしょう。

「良好な人付き合いの距離は6割」と心得ている

人付き合いの距離は6割くらいが丁度いい、ということを、私はもうずいぶん前、子どもが幼稚園に通っていたときに、ママ友との付き合いで学びました。

「6割って、少し距離があり過ぎない？」

「職場の人とは毎日会っているのだから、10割じゃないの？」

このような声が聞こえてきそうですが、ここで言う6割とは、**会っている頻度ではなく、相手との距離のとり方のことです。**会話をし始めたらいきなり相手の顔が目の前にあって、思わず「近い！」と叫びたくなる距離のことではなく（もちろんそれも大切な距離ですが（笑））、**相手が心地よいと感じる許容度とでも言いましょうか、それは距離を縮める際のスピード感にも比例しているような気がします。**

例えば皆さんは、友人や気の合う仲間と、頻繁に1日の大半を一緒に過ごしたいと思いますか？　もちろん個人差はあるとは思いますが、仕事をしていてもしていなくても、プライベートな時間のほとんどを始終一緒にいたら、やらなくてはならないことが後回しになって精神的に疲れないでしょうか。

良好な人付き合いを心得ている人は、一見さっぱりしているような6割という、**ほどほどの距離のとり方がお互いに心地よさを感じていくことを知っているのです。**

私には、20年以上も長く良好な関係が続いているママ友がいるのですが、なんと会うのは1年に1〜2回です。お互いに忙しいこともあって、基本的には忘年会と称して12月に会うだけなのです。

思い起こせば、幼稚園ママをしていたときは毎日彼女と顔を合わせていました。ですが、笑顔で挨拶をしたあと、子どものことで立ち話をするとしても5分程度で、どちらともなく「じゃあまた明日ね」と言って、気持ちよく去っていました。ずいぶんさっぱりしていたものです（笑）。子ども同士がどちらかの家で遊ぶときでさえ、親は上がらずお迎えのみに徹していました。

ママ友の世界で学んだ6割の距離は、シングルマザーになって社会復帰をしてから大いに役立ちました。

勤めていたリクルートの上司や先輩を見ても、子どもの有無に関係なく、独身既婚も関係なく6割の距離で良好な関係を維持している人が多いのです。同期にしても然りでした。プライベートに入り込むようなことは、本人が自ら話してこない限り聞きません。その様子からは、一気に距離を縮めないように意識していることが感じられました。半年ほど経ち、少しずつ本人が話してきたら聞き上手に徹し、それからポツリポツリと質問をしていくのです。

もっとも、きびしい営業フィールドという環境も、6割の距離を保つのにプラスに働いたのかもしれません。16年もの間、違和感なく気持ちよく働くことができたのは、職場の仲間が同じ距離感を持っていたからでしょう。

ラインやメールの内容はシンプル、送る頻度はまめ

言うまでもなくラインやメールは、最適なコミュニケーションツールです。

ご存じのように、特にラインは写真や動画が簡単に送れるだけでなく音声通話やビデオ通話もできます。写真や動画、ＰＤＦなどのメディアファイルまで簡単に送ることができて、その多機能性には本当に驚くばかりです。

そんな便利なラインについて、皆さんなりに気をつけていることはありますか？

「22時以降に送るときは『夜分に失礼します』と冒頭に書くようにしています」

「忙しい相手に送るときに『時間があるときに読んでいただければ大丈夫です』とひと言添えています」

「既読をつけてもすぐに返事ができないとき『いま手が離せないから、後で返信す

るね』と、いったん送ります」

このようなことに気をつけているとしたら、それは素晴らしい配慮です！ **電話と違ってあまり時間を気にせずに送れるラインだからといって、何時でもいいとは限りません。**相手が寝ている時間帯だとしたら、たとえマナーモードにしていたとしても通知音で起こしてしまう可能性があります。

また、送った相手が多忙な人の場合は、**「時間があるときに読んでいただければ大丈夫です」**という思いやりある言葉に安心することでしょう。

返信ができるまでに時間がかかりそうだったら、送ってくれた相手が心配しないように、ひと言**「いまバタバタしてるから後で返事するね」**と、途中経過を送ることなら、手が離せない作業をしていない限り、30秒もあればできますね。

このように、相手の状況や気持ちを想像して配慮することは、信頼関係をつくるために心がけておきたいマナーです。

そしてもう1つ、意識してほしい大切なことがあります。

前項で、人との距離は6割を心がけると良好な人間関係を築いていかれることをお伝えしました。

この6割という距離感は、ラインやメールでも同じことが言えます。

先日、30代後半の男性から次のような話を聞きました。

「まだ面識が浅いのに、職場の女性から巻物のように長いラインが来るんです。返事をするとまた巻物のようなラインが来る。失礼にならないように一応返信するのですが、こちらがシンプルに送っても相手のラインは、何度もスクロールするほど異常に長い。毎日ではないとはいえ、ほとほと疲れてしまってね、参っているんです」

巻物の内容は、そのほとんどが自分の生い立ちや家族のことから始まり、趣味や今日の出来事まで様々なのだそうです。職場の仲間とはいえ、長い自分物語が今後も続くかと思うと、うんざりしてくるのは、自然な心情です。

また、同じコミュニティで同世代の女性と意気投合し、ラインを交換した20代前半の女性は、その日から質問攻めのラインが巻物のごとく送られてくるようになったといいます。また巻物です。仕事が終わった頃合いを見計らったように届くことが多く、返信ができずにいると、しばらく経ってまた長文が届くのだそうです。

このような一方的な距離の縮め方に、彼女は悩んでいました。

前述の30代男性も、20代の女性も、10割の距離で接してきた相手に、うんざりしてしまったのです。

顔が見えないメールやラインでの巻物は、重くて相手の気持ちが沈んでしまいます。**伝えたい内容は、できるだけシンプルにする方が一瞬で伝わります。**

特にスマートフォンで見るラインは、狭い視界の中で小さな文字を追わなくてはなりません。

どうしても多くのことを知らせなくてはいけない場合は、改行したり行間をとったりして工夫するといいでしょう。

または2～3回に分けて送信して、相手が読んで苦にならない配慮を意識しましょう。

面識が浅いならなおのこと、どんなに自分のことを知ってもらいたくても、相手のことを知りたくても、文章量は控えめにシンプルにするといいことを、心に留めておきましょう。ストップ、巻物です（笑）。

何事も過度にならないよう、ほどほどをわきまえる

つくづく思うことがあります。

人は、何でも「過ぎる」から体調を含めよくない方へ状況が向かってしまうのです。

食べ過ぎるからお腹を壊し、飲み過ぎるから気分が悪くなる。睡眠不足過ぎるから頭が働かなくなり、かといって寝過ぎても頭がボーっとする。湯船に浸かり過ぎてのぼせ、歩き過ぎて足腰を痛め、過度なダイエットをして栄養が偏る。心配し過ぎるから不安になり、考え過ぎるから眠れなくなる。パソコンに集中し過ぎて酸欠になる。例をあげていたらきりがありません。かく言う私も、シングルマザーになりたてのとき、水分を取るのも忘れるほど仕事をすることに夢中で、尿路結石に

なったことがありました。あれは痛かったです（苦笑）。

「人間は、がんばり過ぎてはいけないのです。だからがんばり過ぎないでください」と、ギラン・バレー症候群になって闘病生活を送っていた、今は亡き大女優さんの言葉を思い出します。

もちろん仕事の結果を出すために、ストイックにならざるを得ない時期もあるでしょう。ですが、それが続き過ぎると、健康に影響する可能性が高まるのです。

つまり、何事も、ほどほどがいいのです。

人との関係も同じです。話し過ぎると聞き手を疲れさせてしまいます。早口過ぎると、相手から何度も「えっ？」と聞き返されて、そのたびに同じことを言うはめになります。

とはいえ、ゆっくり話し過ぎてもイライラされますね。そして怒り過ぎると頭に血が上り、期待し過ぎるとがっかりして不満が発生するのです。

ところで、皆さんは、「離人症《りじんしょう》」という言葉をご存じでしょうか。

もうひとりの自分が、本来の自分を客観的に見ているような感覚になる症状のことを言うのだそうです（決して病気ではありません）。


「実は僕、やや離人症なんですよ」

昨年、ある人生の先輩からそう聞かされたとき、初めてこの言葉を知ると同時にとても驚きました。なぜなら、いつも明るくて感じがよく、彼が現れると皆がいっせいに挨拶をしにくるほど人気者だからです。

彼曰く「人が嫌いなわけではない。人は好きですよ。誘われれば会食もするし、パーティなんかも呼ばれれば喜んで行きます。でもね、1対1となると、いきなり過度に接近して来られたような気がして、たとえ相手が信頼できる人だとしても引いてしまって拒否反応が出てしまうんです」。


自称離人症の彼のことを、今こうやって書いていて思うことがありました。

そういえば、いきなり距離を縮めてくる人に苦手意識を感じる人は、意外と私の周りに多いということに気がついたのです。しかも、前項で登場した男女を含め、20代、30代から40代、50代と、年代を問わずたくさんいるのです。

ということは、同じような感覚を持っている人はかなりいて、世の中は離人症だらけだということになってしまいます。

もしかしたら人生の先輩は、本当は離人症ではなく、人気者ゆえに「僕にいきなり距離を縮めてこないで」という本音とも言える警告を、周囲に上手に鳴らしたのかもしれません。「やや離人症」という言葉を使って。

何事も、ほどほどが丁度いいと認識している人が結構いるのです。

どうか皆さんも、ご自身の健康と心を守るために、何事もほどほどを心がけてくださいね。

相手のプライベートは、詮索しない

先日電車の中で、隣に座っていた男女のこんな会話のやりとりが聞こえてきました。

「どこに住んでいるの？」

「○○沿線です」

「あ～そう、何ていう駅？」

「……○○駅辺りです」

「あ～、そしたら○○駅で乗り換えかな？」

「そうですね」

「子どもはいるの？」

「娘がいます」

「何歳？」

「27歳です」

「あ～そう、結婚してるの？」

「……」

「結婚してるの？」

「それ以上聞いたら、セクハラですよ！」


私は思わず噴き出しそうになり、心の中で「よく言った！」と、最後のひと言を放った彼女に共感しました。

何かのイベントの帰りなのか、それとも婚活パーティの帰りなのかは不明ですが、このように、**プライベートに踏み込んだ質問をいきなり立て続けにされると、女性でなくても不快に感じるものです。**

この後、「えっ、セクハラ？」と聞き返した50代と思しき男性は、「娘に言わせると、そういうのはセクハラになるんだそうですよ」と彼女にくぎを刺されて、それ以上質問が続くことはなくなりました。

例えばこの男性が、相手のプライバシーを尊重するような質問の仕方をしていたら、女性の反応はどうだったでしょうか。

私の中でシミュレーションしてみました。


「僕は、○○沿線に住んでいるんですけど、○○さんはどちらの沿線ですか？」

「○○沿線です」

「あ〜、○○沿線なのですね。どこに出るにも便利ですね」

「そうなんです。意外と便利です」

「僕には息子がいるんです。○○のような仕事をしているみたいです」

「そうですか、息子さんがいらっしゃるのですね。私には娘がいます。まだ独身でね、母親としてはちょっと心配もあります」

いかがでしょうか。最後に女性はポロっと本音を洩らしていますね。

男性は、**まず自分のプライベートを話してから女性に質問しています。そうすることで、女性は不快にならずに安心して自分のことも話す気持ちになったのです。そして、まだ独身の娘が心配だという本音を伝える気持ちも生まれたのです。**

相手のプライベートを知りたいときは、最初に自分のことを話してからにしましょう。例えば相手のプライベートAの部分を知りたいと思ったら、自分のプライベートAの部分を話してから「あなたは?」と聞くのです。

もっといいのは、「もしさしつかえなければ、あなたは?」と聞けば、相手の方からの印象もいいでしょう。

他人の悪口は言わない

今まで一度も他人の悪口を言ったことがないという人が、この世にいるでしょうか。

もしかしたら存在するのかもしれませんが、ほとんどの人が「ある」と答えるのではないでしょうか。

子どもの頃まで記憶を遡ってみれば、学校からの帰り道、友達からクラスメートの悪口を聞かされて「そうだそうだ」と一緒になって悪口を言った経験はありませんか?

恥ずかしながら私にはあります。ですが大人になるにつれ、悪口は聞かされたときも自らが言ったときも、後味がすごく悪くなる感覚を持ったものです。

特に、そこにいない他人のことを悪く言ったときは、何とも言えない罪悪感が湧いてきて後悔しました。そしてこの罪悪感がよくない波動となって、人から自分への信頼性に影響し、人間関係をよくない方へ向かわせてしまう可能性があることも学びました。

本音を上手に伝えることができる人は、この負のスパイラルをよくわかっています。

それゆえ、よほどのことがない限り他人の悪口は言いません。決していい人を装っているのではなく、何も考えていないわけでもありません。

ただ単に、考え方が建設的で、ポジティブだということです。

ポジティブだから、悪口を聞かされても「そうなんだね」「それは嫌な思いをしたね」と、相手の感情のみに共感して、さらっと流します。

もちろん、深刻な相談を受けたときは別です。相手が悩むほどの内容は、よほどのことです。

よほどのことは悪口以前の問題であり「事実」として受けとめるのです。

もし、悪口以前の話を聞かされて、相手が「悪口を聞かせてしまってすみません」と言ったら、「それは悪口ではなくて事実ですよ」と言って、安心させてあげましょう。

また、逆に自分が話す側になるときは、最初に**「これは悪口ではなくて事実を伝えるのですが」**と言って話を始めるといいでしょう。そうすることで、聞き手の構え方にネガティブなバリアが張られなくなります。

「今から話すことは決して悪口ではなく、事実の報告です」と、最初にひと言添えておく手法は、本音を上手に伝えるための、ちょっとしたテクニックだと言えます。

もう1つ建設的な方法として、**言いたいことがあれば本人に直接伝えるという方法があります。**

他人に話すと悪口になってしまうことも、本人に言えば悪口にはなりません。

私も、本人に直接言うタイプです。回りくどいことをせずに済むのですから、早い段階で相手に改善する意識を持ってもらえるのです。

その際、言葉づかいと話し方には十分気をつけて、誠意を持って伝えることが重要になります。言い方1つで信頼関係を揺るがす原因となる場合があるので、本人に直接伝える方法は、慎重に判断することが大切です。

世の中には様々なタイプがいるため人間関係は複雑です。

つい他人の悪口を言ってしまうことだってあるでしょう。

そんなときは心の中で「今日はつい言ってしまった。反省して明日から言わないようにしていこう」と、前向きに捉えましょう。

思うに、他人の悪口を言わない人は、他人の悪口を言って得られるスッキリ感や満足感よりも、相手のいい所に重きを置いて、そこに共感とリスペクトを持って接することで、より良好な人間関係を築いていこうという意識が働いているのです。

相手の秘密は他人に洩らさない

「彼（部下）は、口が堅いから信用できる」

これは、銀座時代に、信頼できる多くのお客さまから聞いてきた言葉です。

人との信頼関係を築き上げるのに、口が堅いことは重要なポイントです。

なぜなら、秘密を洩らさないという能力に長けているからです。

まだ公にはしてはいけない事業計画は決して外部に洩らさない、上司や社員のプライベートな情報も、本人に許可なく拡散することはありません。

たとえ関係の浅い友人間でも、口外しないことを約束したなら守ります。

この当たり前のようなことをできる人が、信頼されるのです。

「えっ！　守れない人なんているの？」と思いますよね。

それが、いるのです。人間には残念なことに、うっかりすることがあります。

お酒が入ったり、お酒を飲んでいなくても、思いのほか話が弾んだときに気が緩み、うっかり「誰にも言うなよ」「ここだけの話ね」と言われて約束したことを、「誰にも言わないでね」「ここだけの話にしてね」と、すんなり口外してしまうのです。

皆さんの中にも、信頼できる人だと思って打ち明けた秘密（恋や仕事の悩み、家庭の事情など）を、うっかり公言されてショックを受けたり、公言されそうな気配でハラハラした経験はありませんか？

私にもあります。そんなときは**「はい、そこまで～」**とストップをかけていました。すると、相手はハッとして我に返ったように大人しくなるので、見ていておかしくなることもありましたが、真に知られたくない内容の場合は笑い事ではありません。たった1回の口の緩みが、一生分の信用を失うことになってしまう可能性があるのです。

面識の浅い知り合いに、大きな信用を失ってしまった男性がいます。仮にAさんとします。Aさんと私には、共通の女性の友人がいます。彼女は商売をしていて、Aさんはその取引先でもありました。

ある日彼女は、治療を要する病気にかかってしまい、一時的に取引ができなくなるため、やむを得ずAさんに事情を打ち明けます。その際に、「周囲に心配をかけたくないから、絶対に誰にも言わないで」と、念を押しました。

ところがAさんは、「絶対に誰にも言わないでって言われたけど、森さんには伝えようと思って」と、よかれと思って私に彼女の病気を知らせてくれました。

私は、彼女の思いやりにあふれた性格を知っていたので、病気になった時点では、仕事関係者以外には心配させたくないという彼女の気持ちが痛いほどわかりました。

そのため私は、「伝えてくれてありがとう。でも、誰にも言わないでって口止めされたのだから、私に話したことを誰かにうっかり話さないように気をつけてね」と、くぎを刺すようにお願いしました。

ところが、不安な予感は的中してしまい、なんとAさんは彼女の側近に「森さんもすごく心配していた」と言ってしまうのです。

さあ、大変です。

すぐに彼女からAさんに電話があり、あれだけくぎを刺しておいたのになぜ話したの！　とこっぴどく怒られたそうです。

当然のことです。このことを機に猛反省したAさんですが、彼女が寄せていた彼への信頼感が崩れていったのは言うまでもありません。

冒頭に紹介した「彼は、口が堅いから信用できる」という言葉は、「口が軽い人は信用できない」とイコールなのです。

そして、僭越《せんえつ》ながらつくづく思うことがあります。

人から本当に信頼される人は、「誰にも言わないでね」と言われたら、絶対に誰にも言わないのは当然のことで、たとえ「誰にも言わないでね」と言われなくても、きっとこれは本人にとってあまり知られたくない内容だろうと想像して、決して他人には言わず、自分の胸だけにしまっておける人なのです。

本心の言葉を使って、無用の誤解を避ける

せっかく本音を伝えても、本心とは違う解釈をされたら残念ですよね。

自分ではきちんと伝えたつもりでも、相手に正確に伝わっていなければ、何のために勇気を出して話したのかわからなくなってしまいます。

「伝えたつもり」は、あくまでもこちら側の話であって、相手に無用な誤解を招く可能性があることを知っておきましょう。

では、なぜ誤解をされてしまうのでしょうか。

ずばり、それは「曖昧」だからです。

曖昧な表現は、相手に自由な解釈をさせてしまいます。例えば、「大丈夫です」という言葉があります。買い物をして「箱に入れますか？」と聞かれて「大丈夫で

す」と答えたら、イエスなのかノーなのか不明です。言い方のニュアンスで判断できるかもしれませんが、できる限り私は「お願いします。箱に入れてください」「大丈夫です、箱はいりません」と、伝わるように答えることを心がけています。

聞き手の立場になって考えてみれば想像がつくと思います。

例えば、パートナーや家族など、身近な人と、ちょっとした話し合いをしていると仮定してみましょう。**そのとき、相手が曖昧な言葉を使っていたら、その人の本心がわかりにくいでしょう。**

「パートナーや子どもが曖昧なことばかり言うからイライラする」「回りくどい言い方ばかりで、30分で終わるはずの話し合いが2時間もかかった」というお悩みの相談を受けることが増えてきたのですが、そこには相手が使っている言葉にある共通点がありました。

それは、「たぶん」「なんとなく」「まあそうかな」「どっちでもいい」「かもしれない」「そのうち」などの言葉です。これらは曖昧な言葉です。「結局、何が言いたいの？」「結局、あなたの本心は何？」と、イライラしてしまうご相談者の気持ちが痛いほど伝わってきました。

さらに悩ませるのは、沈黙を通されるときです。

ミスを注意したときや改善策をアドバイスしたときに、黙ってばかりいられたら、反省しているのか理解しているのかも不明になります。何で黙っているの？　と聞いて「もうどうでもいい」なんて答えてきたら、曖昧どころか、話し合いにもならないでしょう。ほとほと疲れてしまいそうですね。

聞き手の立場になって想像してみると、曖昧な表現がいかに相手を困らせるかがわかります。相手に無用な誤解を与えないように、本音を伝えるときは曖昧な言葉を使わず、しっかり伝えましょう。

そのためには、頭の中で本音の要点をはっきりさせて、曖昧な言葉を避けて自分の思いをはっきり伝えるように意識することです。

わかりやすいように具体的な事例を出してもいいと思います。具体的に伝えることで、相手に誤解を生ませない可能性が高くなります。

そして話し終えたら、「私（僕）の気持ちは伝わった？」と確認するのもいい方法です。

加えて、声のトーンと滑舌も大切です。

蚊の鳴くような声では相手が聞き取りづらいですし、もごもご話すのもネガティブな印象です。できる範囲でいいので、できるだけはっきりと話すことを意識するだけで変わってくるはずです。

最後に、顔の表情についても触れておきましょう。

ツラいことや残念なことを伝えるときは、その感情にふさわしい表情を選びましょう。

余談になりますが、様々な経験を積んで成長してきた人間力にあふれた人の中には、場が暗くならないように、自分のツラさをあえて笑顔で語る人がいます。そんな場面に出会ったら、「この人は笑顔で話しているけれど、本心はきっとツラいんだ」と、想像して、「それはお辛いですね」と、共感して差し上げてほしいと思います。

そしてもし、ご自身が笑顔でツラい話をしているときに相手が不思議な表情をしたら、「笑顔で話しているけど、心の中は結構ツラいんですよ」と正直に伝えましょう。

人のタイプは様々で、相手の反応にも限界があります。すべての誤解を回避するのはむずかしいかもしれませんが、ここでお伝えしたことを意識すれば、無用な誤解を与えることなく、あなたの本心を読み取ってもらえるでしょう。

ストップ「ザ・曖昧」です。

適切な判断が下せるように、観察する習慣を大事にする

本音を上手に伝えられる人は、ふだんから人をよく見ています。

その姿は、鷹に似ています。

鷹のように鋭い眼をしていなくても、穏やかさをフィルターにして、１８０度の鋭い視野でじっと相手の様子をうかがっているのです。

笑顔で話しながら、**相手の聞く姿勢や態度、表情、視線**をどこに置いているかなど見ています。

相手の話を聞くときも同様です。

ほどよくうなずきながら、相手の目つきや口の動き、言葉づかいに注目をして、些細な顔色や声のトーンの変化にまで気がつきます。

まさかそこまでの観察力を持っているとは驚きますが、だからこそ何事においても

も適切な判断ができるのですね。まさに『能ある鷹は爪を隠す』なのです。

観察力のない人は、どこか落ち着きがありません。飲食店に入ってもキョロキョロして、ときに体まで動かして他のお客さまチェックが始まることがあります。自分1人ならまだしも、一緒に来た相手がいるとしたら、その人に失礼になりかねません。

または、無関心さながらスマートフォンだけを見つめ、運ばれてきたご飯を一気に平らげて、お店のスタッフの顔を見ることなく会計を済ませて去っていくのです。

銀座のママはもちろんのこと、優秀なホステスやバーテンダーは、鷹の眼を持っています。

接客しているスタッフの様子、お客さまの様子をはじめ、店内全体の人の動きと状況を常に把握できます。その視野は大パノラマで、ときに360度にまで展開します。そのため、広い店内でも後方にあるドアが開いた瞬間に「いらっしゃいませ」が言えるのです。

そしてもっとすごいのは、お客さまの表情の裏に隠された些細な心情までも、敏感に読み取ることができるのです。

この鷹のような観察力は、接客業界だけでなく、すべての業界において必要なスキルと言えます。なぜなら、業績が安定してる経営者や部下から信頼されている社長や取締役クラスの人と話していると、優しく穏やかに話す眼の奥に、鷹のような鋭い光を見つけることがあるからです。

そんなときは思わずぞっとしつつも、リスペクトの気持ちでいっぱいになります。

鷹のような眼を持つなんて自分にはとても無理だと思ってしまいますよね？　ですが大丈夫です。そんなことは決してないので安心してくださいね。

なぜなら、誰もが最初から観察力があったわけではないからです。観察力を養うために、少しずつ始めていけばいいのです。

まずは相手の話を聞き洩らさないようにして、それができてきたら相手の出方、態度、姿勢、話し方、表情、目つき、視線をどこに置いているか、うなずいているか、感情的になっているか、愛情が感じられるかなど、徐々に観察する部分を増やしていけば、いつの間にか観察力がついてきます。

つまり、観察することを習慣にすれば、誰もが鷹になれるのです。

「自分を見つめる時間」をとって、心に余裕を持つ

心に余裕を持つことは、とても大切なことです。

なぜなら、生きやすくなるからです。**心にゆとりがあれば、何事も冷静に考えることができるため、強いプレッシャーやストレスにも柔軟に対応できるようになります。**

前章で、カーレーサーの話をしました。

冷静さを保つためにレースの本番以外でも落ち着いて話すことを意識しているという話でしたね。

きっと彼の心には余裕があったのでしょう。それは自信過剰ではなく、油断するという意味でもなく、悔しいことや残念な気持ちを薄くする働きをしてくれる余白

のようなイメージです。

私はこれを**「心の余白部屋」**と呼んでいます。

心の余白部屋は、感情をコントロールしてくれます。

余白だから「無」です。レーサーに限らず冷静に見える人の多くは、心に余白部屋をつくることで、気持ちに余裕が生まれるのです。

では、どうやって心に余白部屋をつくればいいのでしょうか。

キーポイントは、ひとりの時間です。自分を見つめる時間をつくるのです。

例えば、誰かに気に障るようなことを言われたときは誰だって悔しいですよね。

また、仕事でもプライベートでもツラい状況が続いていたら「このままではいけない」とわかっていながら何もしなければ状況は変わらないでしょう。

そんなとき、10分でも20分でもいいからひとりの時間をつくって、いったん気持ちを無にしてみるのです。

車で言えば、ギアをニュートラルにしてみるイメージです。

そうすることで見えてくる風景があると思います。

ある友人は、ひとりになって冷静に考えてみたら、気に障ることを言われたけれど、確かにその通りの部分もある。言われたからこそ気がつくことができたと捉えることができて、相手への感謝の気持ちが生まれたといいます。

また、過去にこだわり過ぎていた別の友人は、自分の中にある悪循環に目を向けることで、低かった自己肯定感を少しずつ上げることができたといいます。

つまり、前向きにものごとを捉えられるようになるのです。

過去に起きたことは事実として受けとめ、その意味と解釈をポジティブに変換することで、心に余裕が生まれるのです。

自分を見つめるためには、自分と向き合うことが大切です。

もっと言うと、**自分と向き合わないと、強く根付いたネガティブな感情は解消されることなく、心に余白部屋をつくることができなくなってしまうのです。**

そして、心に余裕があると、運気がよい方へ流れていきます。

ストレスやプレッシャーに押しつぶされることがなくなり、集中力や創造力を高めることもできてきます。

成功している人は、たくさん傷ついてたくさん失敗しながらも、定期的に自分を見つめる時間をつくることで心に余白ができ、余裕が生まれ、何があっても大きく構えていられるのです。

1日の終わりに、数分間だけ今日の自分を振り返るのもいいでしょう。

寝る前だと睡眠に影響しそうだと思う人は、休日に時間をつくるといいでしょう。お気に入りのカフェや公園、神社でもいいのです。仕事の帰りに時間があれば、駅近くのコーヒーショップでもいいかもしれませんね。

そういえば、ただ無心に歩くことで自分と向き合っていると言っていた友人もいました。

それぞれのやり方で、できる範囲で、ひとりの時間をつくってみることをおすすめします。

えっ？　私ですか？

お気に入りのカフェでゆっくりするのが好きなのですが、実は、夜ドライヤーで髪を乾かしているときにピンとくるアイディアが浮かぶことが多いのです。

ボーっとしながら無心に髪に温風をあてながら、その日の出来事を思い起こして、感謝したり反省したりしているうちに気持ちがリセットされ、ポジティブな波動が生まれてくるのかもしれません。

なぜドライヤーなのかは謎ですが（笑）。

言いたいことは「溜め込まない人」になる

繰り返しになりますが、言いたいことを我慢し続けていると、溜まったストレスが体に不調を与えることになりかねません。皆さんもご存じの自律神経失調症は、蓄積されたストレスも大きな原因だと言われています。

言いたいことを溜め込むのは、ストレスを溜め込むことに比例するのです。

本音を上手に伝えることができる人がしていることの1つに「自主練」があります。自主練とは自主的に練習をすることで、中学生や高校生のとき、部活に入っていた人にとっては、なつかしい言葉の響きかもしれません。

例えばバスケットボール部に所属していたなら、朝練（朝の練習）の前に学校に行って、誰もいない体育館でシュートの練習をした人もいるでしょう。テニス部に所属していたなら、休日に近くの公園で壁打ちをした経験があるのではないでしょうか。

自主的にトレーニングすることは、やり方さえ間違わなければ、筋トレのように効果が期待できます。

では、本音を上手に伝える人はどのような自主練をしているのでしょうか。

それはずばり、**「スマートフォンで自分の動画を撮る」**です。

自分が話している姿を撮影することで、相手に不快感を与えない話し方をしているかどうか、声の大きさや話すスピードは適切かどうかを確認するのです。同時に顔の表情も視界に入ってくるので一石二鳥です。

眉間にシワを寄せて怖い顔をしていたら、相手は本音を聞くどころか「顔が怖いんだけど」と思ってしまうでしょう（笑）。

そうならないためにも、動画を撮って確認することは実践的でとてもいい方法だと思います。

または、鏡の前で話してみるのもおすすめです。

スマートフォンで動画を撮ることに比べたら、声のトーンや話すスピードを客観的に確認することはできないかもしれませんが、顔の表情はしっかり見ることができます。そして瞬時に改善ができます。

全体的なイメージを掴むためにも、鏡の前でのトレーニングもよい方法だと言えそうです。

ちなみに私は、研修講師や講演など大勢の人の前で話す仕事があるときは、その数日前に必ずカラオケ店に行きます。窓がある陽あたりのいい個室をリクエストして、スマートフォンで動画を撮って話し方を確認します。

併せて時間もはかります。

それから大きな鏡の前に立って、マイクを持って手の動かし方を含め全体の表情を確認するのです。

カラオケ店での自主練は、私にとって本番に向けてのちょっとしたリハーサルです。

そして1時間ほどでリハーサルを終えたら、残りの時間がカラオケタイムとなります。しっかり歌も歌ってから帰るのです（笑）。

話し方の練習ができて好きな歌も歌えて、私にとっては一挙両得です。

皆さんの中で、歌うことが好きな人がいたら、カラオケ店で話し方の自主練をしてみることをおすすめします。

人前で話をするときや、本音を伝える場面があるときは、改善点を見つけるためにも、ぜひスマートフォンで録画をしてみたり、鏡の前で練習をしてみましょう。いきなり完ぺきを目指すのではなく、少しずつ取り組んでいくことで、過度な緊張をせず自然に話すことができるようになることを目指しましょう。

そして最後にもう1つ、**自主練と併せてロールモデルを持つこともいい方法です。**

尊敬できて、自分によい刺激やポジティブな影響を与えてくれた人がいたら、その人をロールモデルにするとよいでしょう。

その人の話し方や言葉の選び方を観察することで、自分も同様に振る舞おうとする感覚を受け取ることができるからです。

ロールモデルの存在は、お手本になります。身近にいる人でもいいですし、著名人でもいいでしょう。

いわゆる、自分だけの「師匠」をもつことで自主練に磨きがかかり、自分にもできるという自信に繋がっていくのです。

第3章

敵と思わせず、相手に好印象を与える

理不尽なことを言われたら、「その場」でやんわりが効く

皆さんは、理不尽なことを言われたとき、どうしていますか？
「空気が悪くならないようにしたいけど、なかなかできない」
多くの人が、そのように思っているのではないでしょうか。

当然です。だって理不尽なのですから。筋が通ってないめちゃくちゃなことを言われたら、誰だって気分が悪くなりますよね。顔に出て無言になる人もいれば、カッとなって攻撃的に反論する人もいるでしょう。

言い返したくても、とっさのことで何も言えなかったり、自分の立場を考えて黙ってしまった人は、後から悔しさが込み上げてきて、眠れなくなってしまうほど言い返せなかったことを悔やむ場合もあるようです。

また、攻撃的に反論してしまった人の中には、後から「ちょっと大人げなかったかな」と反省する人もいるようですが、ときすでに遅しとなってしまいます。

そもそも理不尽なことを言ってくる人に問題があるのであって、言われた人が反省することはおかしくて、それこそ理不尽です。ですが、二度と会わない相手ではない限り、できれば上手にかわしてスッキリしたいものです。

本音を上手に伝えることができる人は、理不尽なことを言われたとき、その場でやんわりと返します。そのときに、数秒間の間をとってから（ここ大事なポイントです）こう言うのです。

「理不尽という言葉があるのを知っていますか？」

いきなり言い返すときつく感じそうなこの質問形式のフレーズは、少しの間をとることによってきつさが軽減します。加えて、間をとったことで、理不尽なことを言われてイヤな思いをしていますという、相手への無言の訴えになるのです。
落ち着いてゆっくりと、相手より大人になったつもりで、できれば微笑みながら言うといいでしょう。相手を見下すような笑みではなく、目だけ微笑むのです。

仕事の仲間や友人なら、「理不尽という言葉を知ってる?」でもいいでしょう。微笑みながら言うことでユーモラスな雰囲気が出て、深刻なムードにならずに済みます。想像力のある相手なら、「確かに今の発言は理不尽だったかも」と、気づいてもらえる可能性があります。

もちろん、微笑む余裕なんてないほど理不尽極まりないことを言われたならば、はっきりと「今のは理不尽だと思います」と言いましょう。その際に気をつけることは、**数秒間の間をおいてから、いつもよりゆっくりした口調で落ち着いて言うことです。そのほうが感情的になるよりもずっと効果的なのです。**

どんなときでも感情に左右されず、冷静に行動できる理性的な人は素敵です。私自身も、目指し続けていきたいと思っています。

後から伝えるなら、相手が「落ち着いたタイミング」で

さて、理不尽なことを言われたときを含め、何かしらイヤな思いをしたときに、後からそのことを相手に伝える場合があると思います。

相手からのまさかのイヤな言動に、その場では返す言葉が見つからず思考が止まってしまい、一晩寝ても二晩寝てもスッキリしないモヤモヤ感はストレスになります。**時間が経ってから「あれはイヤでした」と伝えることは、決して悪いことではありません。**ストレスの膨張を抑えるためにも、後からでもそのときの気持ちを伝えてみましょう。

その際、気をつけることはタイミングです。

相手の気持ちが高ぶっていたり、イライラしているように見えるときは避けま

しょう。仕事で忙しくしていると思えるときも然りです。

直ちに話し合いをする必要のあるときは別ですが、そうでない場合は、相手が落ち着いているときにしましょう。

そのときに、「今、話をしても大丈夫ですか」「話を聞いていただきたいので、少しお時間をつくっていただけますか？」と確認することを忘れないようにしましょう。

そして、丁寧な言葉づかいを使って話すことに意識を向けると、より相手に気持ちが伝わると思います。

これは**相手が仲のよい友人であっても同様です。**親しき中にも礼儀ありとはよく言ったもので、乱暴な言葉やトゲのある言葉はできるだけ避けたいものです。

「あのときは驚いてしまって、何も言えなかったのですが」と言ってから、イヤな気持ちになったことを伝えましょう。または、「話そうかどうか長い間迷っていました」と、時間が経ってから話すことになった理由を伝えるといいでしょう。最初にそのような言葉を添えることで、丁寧さがアップします。

よほど偏屈な相手でない限り、少なくともイヤな思いをしていたことは理解してもらえるでしょう。


自分の心を守れるのは、自分自身です。

理不尽なことを言われてイヤな思いをしたとき、相手との関係性を続けたいのであればなおのこと、後からでも正直な気持ちを伝えたほうが過度なストレスもなく人付き合いがラクになります。

そのためには、何よりも伝えるタイミングが大事だということを覚えておくといいでしょう。

深刻な話のときは、「1対1」で伝える

自分がミスをしたときに、大勢であろうが少数であろうが、人がいる前で叱られたり指摘されたりしたら、すごくイヤな気持ちになるものです。

自分の恥をさらされることで、周りからの評価や自分への信頼にも影響すると思うと、不安にもなりますよね。

人がいる前で相手のミスを指摘する人はどういう心理なのでしょう。

支配的な要素がある人の場合は、自分の権威を誇示したいがために、人前で誰かのミスを指摘することで満足しているような気がします。

そのようにして優越感を得て、ただ単に自己評価を高めているのかもしれません。

かつて私が勤めていたリクルートの営業部では、社員が自ら「間違えました！」「ミスしました！」とデスクで叫んでも、そのミスが深刻だと判断した上司は、「会議室に移動しよう」と言って、個室で話を聞いていました。**いい上司は誰もいない個室で部下の話を聞いて、スピーディに解決策をアドバイスしてくれるのです。**

私自身の恥をさらすと、特集に入れたはずの求人原稿が、特集のカテゴリーに入っていなかったという大きなミスをしたことがありました。掲載当日にインターネットで求人サイトを確認したときのショックは忘れることがありません。ちびまる子ちゃんがショックを受けたときにサーっと顔に縦の線が現れる、あの心境でした。

上司は私の話を聞くやいなや、「今すぐ謝りに行ってきなさい。手みやげはいらないから、とにかく謝ってくること。ほら早く！」と言って、急きたてました。

それだけお客さまからの信頼を損なうような重大なミスだったからです。

そして客先から帰社すると、上司は待ってましたと言わんばかりに速攻で会議室を指さし私を誘導しました。部下の恥を大勢にさらすことを避けて、別室で1対1で話を聞いてくれた上司には、今でも感謝の気持ちしかありません。

そのことがきっかけとなり、銀座で後輩ホステスにミスを指摘するときは、早めに出勤してもらって話したり、お店の入っているビルのエレベータホールなど、必ず1対1になって伝えるように心がけました。

また、自分のミスに気がついたときは、**躊躇せずすぐに謝るようにしていきました。叱られることを覚悟で、叱られる前に報告することは大切です。**

例えば取引先などお客さまへのメールに、送信した後にミスを発見したら、すぐに「申し訳ございません。先ほどのメール内容にミスがありました」と書いて、誤りと正しいものをお知らせします。

対面なら、「怒らないで聞いてください!」「怒らないと約束してください」と先手を打ってから(笑)、「申し訳ありません、間違えていました」と、丁寧に深くお辞儀をして謝ります。

このように先に謝ることによって、「えっ、何が起きたの？」という一抹の不安の感情を最初に相手が持つことで、その後に聞かされる内容が深刻なミスだとしても、頭から叱る気持ちが減少するのでしょう。

人は、相手から最初に謝られると、その人を責めたいという気持ちよりも、起きてしまったミスは仕方ないから、どうにか解決しようという方向に、気持ちがシフトしていくのだと思います。

もちろん、真摯な態度で謝らなければ効果は期待できません。

隣の席とのベストな距離は？

コミュニケーションの個人研修やカウンセリングを行うとき、**私はホテルのロビーラウンジを選びます。**広々とした空間に、ソーシャルディスタンスをとったソファーとテーブルが設置されているため、お客さまのプライバシーを保つための余地があるからです。隣席との距離がたっぷりあることは、落ち着いて話ができ、相手の話も集中して聞くことができるのに適した場所だと考えているからです。

皆さんにも、仕事や勉強をしようとして入った人気のコーヒーショップで、隣の人たちの声が気になって集中できなかったという経験がありませんか？　もちろんカフェは、友人や家族と楽しい時間を過ごすための場所でもあるのですから文句の言いようがありません。ですが、大きな声はイヤフォンで音楽を聴いていても聞こえてくるものです。人は集中したいときに一度気になってしまうと、なかなかそこから抜け出せないのかもしれません。

そういえば、最近気がついたことがあります。

少し早めに、とある老舗ホテルのロビーラウンジに入りクライアントさまを待っているときのことです。周りを見渡すと、実際の年齢はわかりませんが、20代から30代前半くらいに思える2人組の男女が多いのです。どのカップルも青年はスーツをスマートに着こなし、お嬢さんのほうは清楚なワンピースに身を包み、背筋を伸ばして笑顔で会話をしています。ほどよい緊張感と新鮮さが伝わってくるその姿は、初々しさでいっぱいです。

このような光景に出会うことは、数年前にはありませんでした。そうか、もしかしたら婚活をしていた人たちの初顔合わせなのかもしれない。そう思った私は、知人のホテル支配人に尋ねてみました。すると、次のような答えが返ってきたのです。

「ここ1～2年で、若い人たちのお見合いの場として利用していただくことがずいぶん増えました。きっと結婚相談所や登録している婚活アプリの運営会社から、初対面はゆったりした雰囲気の場所にするといいなど、アドバイスがあるのかもしれません」

人生の大きなターニングポイントに向けての婚活は、初対面がとても大切ですね。その初対面の場に、老舗ホテルのロビーラウンジを選んでいる若い人たちは素晴らしいと感じました。隣の席との距離がしっかりとってあれば、気兼ねなく話すことができます。加えて、天井が高く広々とした空間はホテルだからこそ前向きな気持ちで相手と向き合うことができるのかもしれません。

仕事でもプライベートでも、人と大切な話をするときは、隣の席とスペースがある場所を選びましょう。レンタルオフィスやビジネスタワーの中にあるカフェも、空いているときはいいですね。街中のあまり知られていないカフェなども、アクセスさえ無理がなければ落ち着いて話ができるかもしれません。

ランチで話すならこんな店がGOOD

折り入って話したいことがあるときはもちろんのこと、久しぶりに近況を報告し合うときなども、相手が話しやすくなる雰囲気をつくることは気配りです。

では、相手が話しやすくなる雰囲気とはどんなものでしょう。

それは、明るさです。明るい雰囲気は、気持ちが開放的になるからです。

ここでは、2つの明るさについてお伝えしていきます。

1つは場所の明るさです。

ちょっとだけ想像してみてください。柔らかい光が穏やかに店内に差し込む広々としたカフェがあります。白木のテーブルと椅子も光の恩恵を受けて明るく染まり、ソファー席にはお花の刺繍が施された品のよいクッションが並び、大きな窓からも小窓からも美しい景色が広がっていて……。明るくて、時間がゆっくり流れるような雰囲気のある広々とした空間のカフェは、誰もがリラックスできそうです。

もちろん、ホテルのロビーラウンジも広々として華やかなイメージですから、自然の光が入らなくとも、話しやすい明るい雰囲気の場所であることは、前項でお伝えした通りです。

ランチや休憩時間など、仕事の合間を使って話をするときは、近くにない限り、ホテルのカフェというわけにいかないでしょう。

そのため、少しでも明るい雰囲気のカフェを日ごろから探しておくことをおすすめします。

2つ目は、表情の明るさです。

せっかく柔らかい自然の光が差し込む明るいお店に入っても、自分が暗い表情をしていたら、相手も暗くなってしまう可能性があります。

「明るい感じで、いいお店ですよね」と、笑顔で雑談をしながらメニューを見るのも相手が話しやすくなる雰囲気づくりです。

またはお店に行く前に、「ちょっといい雰囲気のお店を見つけたので」と笑顔で言っておくのも、相手が話しやすくなる雰囲気づくりです。

キーワードは、場所と表情の2つの明るさです。

ランチや休憩など、時間が限られた中での対話だからこそ、大切にできたら素敵ですね。

「何が飲みたいですか？」――相手の味覚を刺激する

数年前、某番組収録に向けて、打ち合わせのために赤坂にあるＴＢＳテレビに足を運んだときのことです。初対面の挨拶を交わしたあとに番組制作ディレクターの方が、笑顔で私にこう尋ねました。

「何をお飲みになりたいですか？」

この瞬間、緊張がほぐれて私の心は「話しやすいモード」に切り替わりました。とっさに「紅茶が飲みたいです」と答えると、「温かいのと冷たいのと、どちらがいいですか？」と聞いてくれました。「温かいのですね、ちょっとお待ちくださいね」と言って、足早に部屋を出ていったディレクターは、１分ほどで湯気の立つ紙コップをトレイに載せて戻ってきました。

もうおわかりだと思います。

「何を飲みたいですか?」と、希望を委ねてくれたことで、**素直に（率直過ぎかもですが）、紅茶をお願いすることができたのです。**

今まで多くの企業に足を運びましたが、このディレクターのように飲みたいものを聞いてくださる経験は皆無でした。当然ですがそのほとんどが、「お茶でいいですか?」「コーヒーでいいですか?」という類の確認で、暑い季節には冷たいものが、寒い季節には温かいものが暗黙の了解のごとく喉をうるおしました。

自販機のある会社もあればない会社もあります。その会社で用意できる飲み物は限られているのですから、出していただいたものをありがたく飲むことが当然だと思っていただけに、このときは本当に驚きました。

同時に、そのとき飲みたいものをリクエストできるという嬉しさは心をホッとさせて、緊張感をほぐしてくれる効果があることを確信したのです。

そのときの紅茶の美味しいことといったらありません。ディレクターとの打ち合わせを、気持ちよくスムーズに終えることができたのは言うまでもありません。

後日、ディレクターに、「もしもあのとき、紅茶ではなくて玉露（日本茶）とか玄米茶、むずかしい名前のハーブティーとかをリクエストしたらどうされるのですか？」と聞いてみました。するとこうおっしゃったのです。

「あはは、それは確かに困ってしまうかもです。さすがに玉露やむずかしい名前のハーブティーはないのですが、日本茶ならほうじ茶と煎茶、ハーブティーならハイビスカスティーはご用意してあります。様々な方を取材するので、それぞれ好みがあると思って。これからは玉露と玄米茶を追加しておきます（笑）」

ユーモアを交えてそう答えるディレクターから、私は大切なことを学びました。

つまり、そのとき飲みたいと思う飲み物でお客さまの味覚を刺激すると、相手は嬉しい気持ちになり、話しやすいモードに心を切り替えることができるのです。

挨拶後の「何をお飲みになりますか？」のひと言。私も見習いたいと思います。

相手の「特に落ち着く場所」を知る

先日、数年ぶりに某ホテルの支配人と会う機会があり、会食をしました。

予約をしてくださったというお店に入り案内された席に着いた瞬間、最初の驚きに出会います。なんと、東京湾が一望できる窓側の席だったのです。

「うわ～」とひと言、小さな叫び声をあげて目の前の絶景に見とれていると、「森さん、高い所が好きですよね」とおっしゃったのです。

確かに高層から見渡す風景が好きなことは間違いないのですが、そのことを以前お伝えした記憶が曖昧なまま、次の驚きに出会います。

「レインボーブリッジが好きだと言っていましたね」

「私、そんなことまで言っていましたか。よく覚えてくださっていて驚きます」

「横浜のベイブリッジではなく、お台場のレインボーブリッジが好きだと熱心に語っていましたからね、忘れるわけがありませんよ（笑）」

よくよく聞いてみると、そんな話を私がしたのは8年も前のことだそう。すると自身の記憶も蘇ってきて、レインボーブリッジは徒歩で渡ることができる、2キロもないから30分もかからないことを支配人から教えてもらったことを思い出したのでした。お食事をしながら、そんな昔話に花が咲いているとメインのお料理が運ばれてきました。なんとここでも、さらなる驚きが待っていたのです。

目の前に置かれたお皿には、お魚の煮つけと野菜の煮物が美味しそうに盛り付けてありました。いっぽう支配人のお皿には、ひと口サイズにカットされミディアムに焼かれたステーキ。

思わずお品書きに目を通すと、「牛ステーキ、焼き野菜添え」と書いてあります。目を丸くしていると、「牛肉が苦手でしたよね」と笑顔でおっしゃったのです。

支配人にとって、たかが友人のひとりに過ぎない私に、記憶力もさることながらここまでの心配りを見せてくださることが嬉しく、感謝の気持ちでいっぱいになりました。

その気持ちを伝えると、最後にこう言って会食を締めくくってくださいました。

「自分から食事に誘ったのですから、**相手が喜んでくれそうな場所**を選ぶのは当然のことですよ。まして、相手の好みがわかっているなら、それこそが相手が落ち着ける場所だし、**苦手な食材を知っていてそれがメニューに入っていたら、他の食材に変えてもらうようにお店にリクエストしておく**。これは相手への配慮です。僕はこのことを、ホテル業界の先輩から教えてもらいました。お客さまにできることが、プライベートでできないわけがないからね」

人と会話をしているときに、何気なく相手の好みを聞いておくことはもちろんですが、併せて自分の好きな場所や好きな食べ物、苦手な食材についても、相手に伝えておくということが大事なのです。

話しづらい上司や先輩の場合、「さらに偉い人」に相談しよう

話しづらい上司や先輩には、どのように接していいのか悩んでしまうと思います。無関心過ぎる上司には、どうしたらいいのかわからずモヤモヤするし、否定的な発言が多く話し方も威圧的な上司や先輩には、支配的な感じがして話しかけることを尻込みしてしまうでしょう。

恐る恐る「あのう……」と声をかけたところ、冷たい目で「何？」なんて返されて、「あ、大丈夫です」「何でもないです」と思わず言ってしまった経験が、皆さんにもあるのではないでしょうか。

私は今まで多くの素晴らしい上司や先輩にめぐまれてきましたが、残念なことに話しづらいと感じるタイプの人がいたことも事実です。そのときは悩みましたが、

前向きな気づきもありました。それは、話しづらいと思うのは、あくまでも自分が感じる現象であって、誰もが自分と同じように**話しづらいと思っているのかということ、決してそうではないことです。**

ご参考までに私の克服体験をお話ししていきますね。

最初に悩んだのは、「部下に無関心な上司」でした。

リクルートで営業の仕事をし始めたばかりの頃の上司で（現在は退社していま す）、「おはようございます」と挨拶をすれば普通に「おはよう」と返してくれるのですが、仕事の相談をするとどこか上の空で、アドバイスはおろか真剣に話を聞いてもらえていない感触で困りました。

複雑な業界のアポに同行してもらったときも、「さあ森さん、始めて」とスタートを切ったきり、上司は終始ひと言も話さないのです。

ふだんから眉間にシワを寄せていることが多く、話しかけにくいなあと思っていた気持ちから、話しかけても仕方がないという気持ちにシフトしていきました。

一方、同期の仲間たちは、新人教育に熱心な上司のもとで生き生きと仕事をこなしていて、うらやましかったのを覚えています。

このままでは成長できないと感じた私は、同じチームの先輩が営業から戻ってきたタイミングで、勇気を出して現状を話してみました。

すると、「このチームはキャリアの長い人ばかりだから、よほどのことが無い限り上司がいなくても平気なのよ。むしろ、自分のペースで営業ができるから仕事がしやすくて結果も出る。中途採用でも新人が入るチームではないんだよ」と、私の不運に同情してから、**「上司の上司に相談するといいよ」とアドバイスをしてくれたのです。**

そうか、私が無関心だと思っていた上司も、キャリアの長い先輩たちにとっては、仕事がしやすい上司になるんだ。無関心で困ると感じるのは、私が新人だからなんだということに気がついたのです。

それなら私も早く先輩たちのようになろうと思い、先輩のアドバイスのもと、今の上司よりも立場が上の上司に「生活がかかっているんです。売れる営業マンになりたいんです」と、相談をしました（相談というより直談判に近かったかもしれません）。

「すぐには無理だけど、定期的に行うチーム編成の次のタイミングで考えましょう。各チームのバランスもあるから、約束はできませんよ」と、私の気迫に圧倒されるように言ってくださったときは、希望の光が見えたような気持ちになりました。

そして半年後、念願かなって新人教育が得意な敏腕上司のもとに配属された私は、そこから2年を待たず大きな賞をいただき、翌年の新入社員の入社式で表彰をしていただくまでに成長することができました。

もちろん敏腕上司の熱心な指導のおかげであることは間違いないのですが、それ以前に、あの無関心な上司に悩んだときに「今の上司の上司に相談するといいよ」とアドバイスをくれた先輩のおかげでもあるのです。

もし皆さんが、話しづらいと感じる上司に悩んだときは、その上司の上司、つまりさらに偉い立場の人に話してみましょう。

話しづらいのが先輩のときも同様です。

その先輩より上の立場の先輩や上司に相談してみることです。

人を大切にする会社ならば、困っている従業員に寄り添った対応をしてくれるはずです。

第4章

本音がさらりと通る、伝え方のコツ

「冷静に穏やかに」が鉄則　感情的になるのはNG

常に冷静さをキープして感情的にならないほうが、人間関係は上手くいくことを、第1章でお伝えしました。起きたことを客観的に見ることができるからです。客観的に見ることができれば、冷静な判断ができるわけです。

そうは言っても人間には感情があります。

気持ちに余裕がないと感情的になるときもあるでしょう。

「おいあくま」という言葉をご存じでしょうか。旧住友銀行の頭取だった堀田庄三さんの言葉だと言われています。

「お」は「怒るな」、「い」は「いばるな」、「あ」は「あせるな」、「く」は「くさるな」、「ま」は「まけるな」で、最後の「まけるな」は自分に負けるなということだ

そうです。

これらはすべて感情を表す言葉です。なぜ恐ろしい悪魔をイメージするようにつくられたのかは、堀田さんに聞いてみないとわかりませんが、おそらく「怒る」「いばる」「あせる」「くさる」の感情があると心が荒れて、悪魔のようになってしまう。そうならないように自分に負けるなという意味が含まれているような気がします。

私は2020年1月にリクルートの仕事を卒業しましたが、それまでの営業部では、「おいあくま」に4文字が追加され**「おいあくまがきたぞ」**となっていました。いま思うと、ユーモアにあふれた先輩の1人が機転を利かせてつくったのかもしれません。

ついにあくま（悪魔）が来てしまうのかと怖くなるのですが（笑）、追加の4文字とは**「がんばり過ぎるな」「きにするな」「たのしもう」「ぞうかきみょう（造化奇妙）」**と、優しく寄り添っています。

そして最後の「造化奇妙」にはとても素敵な意味が含まれています。

これは、中国の古典小説『西遊記』の作者という説のある明の時代の作家、呉承恩《ごしょうおん》が書いた言葉だそうで、「人生には不思議な出会いやご縁があって、それにより幸せになる」という意味を表しているとのことです。

シンプルに言えば、運がいいという意味なのでしょう。

電話営業をしているとき、正面に座っていた先輩は、かけてもかけても断られてめげそうになっている私に、ヤッホーとでも言うかのように「〝おいあくま〟の『あ』」「〝おいあくま〟の『く』」と、両方の手のひらで口元を囲んで、満面の笑みでささやくのでした。思わず声を出して笑ってしまうと「〝がきたぞ〟の『き』」と続けてくるのです。その言い方が面白くて、電話営業のツラさも飛んでいきました。

明るく前向きなこの先輩は、同時に怒りへの対処法も教えてくれました。

例えば電話でも対面でも、お客さまが怒っているときは決して同じように感情的にならず、そして過度に落ち込まず、お客さまの怒りのレベルを測りながら話を聞くといいと言うのです。

確かに、「このお客さまの怒りは震度5、今は震度3くらいに下がってきた」と判断しながら怒りに耳を傾けていれば、「お客さまのおっしゃることはごもっともです」「お怒りを真摯に受けとめます」と、悔しくても相手の怒りに共感する言葉が言えそうです。

このように冷静になって、相手の怒りのレベルを測りながら話を聞いていくと、不思議なことに徐々にお客さまの怒りのレベルが低下してきます。きっと言っている本人も疲れてくるのでしょう。

相手の怒りが落ち着いたこのタイミングで解決策を提案すると、相手が受け入れやすくなっていったのを覚えています。

そして最後に、「どうなるかと思いました」などと、ヒヤヒヤした本音をさらりと入れて伝えると、「つい感情的になってしまい申し訳ない」と、素直に謝ってくる場合があります。

こちらが冷静を貫いたからこそ、お客さまは自分が感情的だったことに気づくのです。

よく飲食店などで見かける風景に、注文した食事が運ばれてくるのが遅くて、スタッフに怒鳴っている殿方の姿があります。

そんなとき、思わずそばへ行って「おいあくまがきたぞ」とささやきたくなります。

さすがに唐突にそれはできないので、その殿方が満腹になったころを見計らって、「おいあくま」と「おいあくまがきたぞ」についてレクチャーしたくなるのは、職業柄でしょうか（笑）。

まずは相手をほめる

日々生活していると、ちくりとひと言、モノ申したくなる場面に出会うことがあります。そしてそれは、おおよそ突発的に起きます。あるときは飲食店で、あるときはお買い物をしているショップで、あるときはタクシーの中など、あげていたらきりがありません。

そんなとき、その場で伝えるときもあれば、後から伝えるときもあります。

どちらにしても、**はじめに相手のいい部分を伝えてからモノ申すと、自分の印象を大きく下げないで済みます。**

最近、こんなことがありました。

骨休みのために訪れた避暑地のホテルに泊まったときのことです。大浴場でゆっくり温泉に入ってのれんをくぐると、廊下に「5分間ハンドマッサージ」の小さなコーナーが設けてありました。「無料」という文字に魅せられお願いすると、エステティシャンの女性は笑顔でオイルを手に取り、手の甲から肘までを丁寧にマッサージしてくれました。

ちょっとした雑談をしながらの気持ちのいい5分間はあっという間で、マッサージのために外したブレスレットを、うっかりテーブルの上に置いたまま部屋に戻ってしまったのです。そのことに気がついたのは、自宅に戻ってからでした。

すぐにホテルに電話をかけて事情を話すと、フロントにブレスレットは届いていたものの、どの宿泊客かがわからず困っていたということでした。無理もありません。5分間のサービスですから、部屋番号でサインをすることもないのです。「宅配便で送ります」との対応に安堵し、フロントに届けてくださったエステティシャンに感謝の気持ちを抱きながら電話を切りました。

翌々日、届いた荷物を開封してみると、クッション性のプチプチに包まれた透明のセロファンの袋が出てきました。その中には綺麗なレースの巾着袋が入ってあり、置き去りにしたブレスレットが横たわっているのを認めることができました。

早速、無事に届いたことを、送ってくれたフロント係の女性に電話で伝えようと思ったとき、話そうかと迷っていたことを、思いきって話すことにしたのです。

それは、ハンドマッサージをしていただく際に、テーブルに小さいアクセサリーを入れるお皿があれば、お皿が目に留まり、マッサージを受けたお客さまが外したアクセサリーを忘れる可能性を回避できるのではないか、と思ったことです。自分が忘れておきながら恐縮極まりない話ではあるのですが、今後私と同じようなそっかしいお客さまが現れないとも限らないと、おせっかい心もありました。

その様子を、臨場感が伝わりやすいように会話式でお伝えしていきますね。

「はい、私がフロントの○○でございます」

「○○さま、先日お電話でブレスレットを忘れた森でございます」

「森さま、その際はご心配をおかけして申し訳ございませんでした」

「私のほうこそ、宅配便で送っていただきましてありがとうございます。先ほど無事に届きました」

「それはよかったです。ご丁寧にご連絡をありがとうございます」

「丁寧に梱包してくださりありがとうございました。素敵な小袋に入れて綺麗に包んでくださり感謝いたします」

「とんでもないことでございます」

「なんと言っても置き忘れた自分が一番悪いのですが、ちょっとしたご提案があるのですがお話ししてもよろしいでしょうか。すぐ終わります」

「とんでもないことです。どうぞおっしゃってください」

「ハンドマッサージをしていただくテーブルの上に、アクセサリーを入れる小さなお皿があれば、安心してアクセサリーを外すことができるだけでなく、私のようなそそっかしいお客さまが忘れる可能性も少なくなるような気がしたものですから……」

「それは確かにいいアイディアですね。さっそく上長に報告して、ハンドマッサージの責任者に伝えてみます。そしてこのたびの出来事をホテル責任者にも報告いたします」
「ありがとうございます」

最近のことだけに、気持ちのいい対応をしてくださったフロント係の女性の声が、今も鮮明に耳に残っています。
ホテルの名誉のためにお伝えしておくと、このエピソードのホテルは亡き母がたいへん気に入っていたホテルでした。ロケーションはもとより、清潔感あふれるお部屋に大浴場、お食事も美味しくて、なにより細部に行き届いたスタッフの丁寧さと感じのよさが母の心を掴み、同時に多くのお客さまを親から子へ、またその子へと長年の贔屓《ひいき》客に繋げていったのだと感じています。

話を本題に戻しますね。

クレームまではいかなくても、それに近いことを言うときは、始めに相手のよい部分や素晴らしいと感じたことを話してからにすると、その後の本音をスムーズに受け入れてもらえる可能性が高くなります。

いきなり不快な思いをさせないために、最初に相手のいい部分を伝えるというコツは、大切なコミュニケーションのマナーだと言えます。

本音はユーモアで包み込む

ユーモアが場を和ませることは言うまでもありませんね。

第1章の最後の方でも少し触れて、簡単にできそうな知性あるユーモアの術を1つ紹介しました。

ユーモアは、思わず相手がクスっと笑顔になるような内容が面白いものです。

私の周りには粋なユーモアに長けている人がたくさんいます。その中で、すぐに思い浮かぶ人が3名います。

1人は士業をされている男性です。先生は偉い方なのに謙虚で、大勢で会食のとき、頃合いを見計らって自ら他のテーブルに挨拶に行くのですが、**「こんな白髪の私でも仲間に入れてくれますか？」**と、ちょっと自虐的なユーモアで声をかけ笑いを誘うのです。その場にいた誰もが緊張の糸がほぐれて、ウェルカムコールとなるのです。

もし若い年代の方がこのユーモアを参考にするとしたら、**「実は私、若白髪だらけなのですが、お仲間に入れてもらえますか？」**と言ってみてはいかがでしょうか（笑）。もしくは、笑いは誘わないかもしれませんが実年齢を入れて、**「〇〇歳の未熟者ですが、同席してもかまいませんか？」**でもいいでしょう。

人数が多い会食でありがちなのが、気がつくといつの間にか話し相手がいなくなっていることです。そんなとき、勇気を出して会話をしたいと思う人のテーブルに行くときの声のかけ方として、参考にしていただけたら嬉しいです。

2人目も、ちょっとした自虐ユーモアの達人です。

その男性は、商業施設などの看板をデザイン・制作している会社の社長です。

長きにわたり会社を維持してこられたのには、計り知れないほどのご苦労があったでしょう。そのことに触れて絶賛すると、**「いや〜もうダメだねぇ」**と真顔でおっしゃるのです。誰かが、はつらつとした姿を絶賛したときも「いや〜もうダメだねぇ」と言い、毛穴のないきれいな肌をほめられたときも「いや〜もうダメだねぇ」と言うのです。

テンプレートのような自虐フレーズがおかしくて、それを聞くたびに私は、何とも言えない居心地のよさを感じるのです。

謙虚さが根底にあるこの自虐的なユーモアに魅せられた若者は多く、その証拠に「○○社長大好きなんです」という声をよく耳にします。

最後の1人は、艶やかなユーモアに長けているジュエリー業界の役員の男性です。丸テーブルでの会食のとき、思いっきりケチャップをジャケットに飛ばしてしまい、周囲の「ありゃりゃ」の声をバックに、慌てておしぼりを手に取った私に、その男性は次のように言って、恥を笑いに変えて救ってくれたのです。

「ケチャップにも愛されちゃったね」

別の日に、若いお嬢さんが醤油をうっかりスカートにこぼして焦っているときも、「お醤油さんに愛されちゃったね」と言って彼女を安心させていました。

本心は、皆と同様「ありゃりゃ」なのかもしれませんが、それを艶やかなユーモアで包んで、ラブリーな笑いにシフトさせてしまうのですから、さすがジュエリー業界の役員です。

3人に共通しているのは、**少しゆっくりした口調**です。穏やかにボソッと言うから、よけい面白く感じるのかもしれません。

粋なユーモアにハードルの高さを感じる人は、相手を笑わせようとして無理をしないことです。無理をすると失敗する可能性があるからです。何も爆笑させなくていいのです。笑わせようとするのではなく、場を和ませようとしたほうが上手くいくことが多いでしょう。そして、それでもユーモアを言うのは難しいと感じる人は、無理をする必要はありません。その分、誰かがポツンと言ったユーモアに対して笑顔で反応してあげましょう。

声量は「大き過ぎず、小さ過ぎず」

何事も「過ぎる」のはよくないと第2章でお伝えしましたが、声量も同様です。

もちろん、危険を知らせるために「危ない！」「前を見て！」などと叫ぶ場合は例外です。また、会場の1番後ろの観客にまでセリフが届くようにしなくてはならない舞台俳優も別ですが、通常会話での大き過ぎる声はいい印象からは遠いでしょう。

なぜなら、大き過ぎる声は、騒音のように感じさせてしまうからです。

たとえ話し声でもそれが続けば、相手は圧迫感で聞き疲れてしまうでしょう。

加えて、周囲の目を気にして、ハラハラするストレスを抱えてしまうことにもなりかねません。

では、小さ過ぎる声の場合はどうでしょう。

少なくとも、周囲の目を気にするストレスはないでしょう。ですが、聞き取りづらさからくるストレスが発生します。前かがみになり、耳を傾けながら聞き逃すまいと集中するため、疲れてしまいそうです。

「聞こえないからもう少し大きな声で話して」と言えない相手だと、集中力を保つのも限界がきて、ヘトヘトになる可能性があります。

つまり、声量もバランスが大切なのです。

ちょっと思い出してみてください。電話で話しているときに相手の声が大きくて、思わず持っていた受話器を耳から10センチほど離した経験はありませんか？

または相手から「聞こえない」と言われて、慌ててスマートフォンの音量を確認しようと手こずった経験もあるのではないでしょうか。

適材適所ではないけれど、**声もその時々の場所において、相手に不快感を与えることのない適切な音量で話すことを心がけたいものです。**

そういえば、中国の孔子の言葉に、「過ぎたるは猶及ばざるが如し」というものがあります。何事もやり過ぎてはいけないのです。

相手に「共感する言葉」を言っておくとスムーズに進む

「おっしゃる通りです」「確かにその通りだと思います」「ご指摘の通りです」

これらは、共感言葉です。相手の言うことに少しでも共感する部分があるときは、冒頭に共感言葉を添えてから自分の本音を話すとスムーズに受け取ってもらえます。

皆さんもご存じのように、人には承認欲求があります。それが満たされることで相手は自分の話した内容や感情を理解してもらえたと感じます。つまり、自己肯定感が高まるのです。**相手の自己肯定感が高まれば、自分の存在を認めてもらえたような気持ちになり、その後のコミュニケーションもスムーズに進んでいくでしょう。**

では、相手の言うことに共感する部分がない場合はどうしたらよいでしょうか。

そのときは、**共感しているかのような言葉を最初に言うことをおすすめします。**

私はこれを、**「共感もどきの言葉」**と呼んでいます。もどきですからニセモノです。ニセモノですから嘘になります。嘘はいけないのですが、ストレートに違う意見をぶつければ、言い方次第では相手にトゲが飛んでいきます。そのトゲが、さらに尖ったトゲとなって、ブーメランのように自分に戻ってくることを想像すれば、共感もどきの言葉は、あなたの心を守る大きな助っ人となるのです。

おでんの具に、お豆腐を材料にした「がんもどき」がありますが、由来をたどれば江戸時代、本当はこんにゃくを材料としていたという説があります。そしてその味がガン（雁という鳥）に似ていたことから「がんもどき」と呼ばれるようになったとのこと。いやはや、嘘も方便が江戸時代から使われていたことに納得しますね。

つまり、食のもどきもさることながら、言葉のもどきも、嘘も方便になるのです（笑）。

では、ここで共感もどきの言葉をいくつか紹介しますね！

「〇〇さんはそう思うのですね」
「〇〇さんがそう思うのはわかるような気がします」
「〇〇さんがそう感じるのも無理はないです」
「なるほど、そのような考え方もあるのですね」
「なるほど、確かに一理ありますね」

いかがでしょうか。もし自分が言われる立場だとしたら、いきなり否定から始まるよりも、相手への印象が和らぎませんか？

たとえ後から自分とは違う意見を言われたとしても、最初に共感されたような錯覚を起こしていることで、相手から尊重されたという感情が湧いてくるからです。

錯覚を起こすからもどきなのです。

相手の話に共感できないときは、共感もどきの言葉を使ってみましょう。

その際は、最初に共感もどきの言葉を添えてから本音を言うことを忘れずに。

3秒の「間」を置くと、本気度や深刻度が増していく

本音を話すときには、共感言葉や共感もどきの言葉を言ってからにすると、スムーズに受け取ってもらえることを前項でお伝えしました。

その後、本心を話していくのですが、とっておきのコツがあります。

それは、3秒の間です。

3秒ほどの間を置いてから話すと、**相手は一瞬「あれ？ もしかしたら異議ありなのかな？」と構えるからです。**

構えるということは、話を聞く態勢になるということです。同時に、本音を言う側も、間をとることで落ち着いて話す心構えができるというわけです。

拙著『相手の心をつかむ雑談力』（知的生きかた文庫）でも「間」について触れて

いますが、**間の取り方は、大きな深呼吸1回分をイメージしておくといいでしょう。**

これは、日本最大級のＩＳＯ研修機関で長年講師をしていた男性から教えてもらったコツです。彼は講義を始める前の雑談でも、適度に間を置きながらじわじわと笑いを誘い、受講者の緊張がほぐれたタイミングで声の調子を整え、ゆっくり「さて」と言ってから大きな深呼吸を1回（約3秒）してみるのだそうです。

すると、構えるように笑い声は消え、「それでは、講義を始めていきます」の声とともに、受講者たちの顔つきが真剣になり、会場の空気が一瞬で学びモードに切り替わるのだと言っていました。

まるで忍法のようだと思いました。３秒切り替えの術です（笑）。

彼からこの話を聞いたとき、この術は、本心を話すときに役立つと直感しました。

まずは相手の話に共感して、ゆっくりと会話の空気をほぐします。それから大きな深呼吸を1回して「間」を置き、本題である本音を、時々間を入れながら話していくのです。例えばこんな感じです。

「なるほど、そのような考え方もあるのですね。確かに一理ありますね（共感）……（3秒の間）。あくまでも私が思うところなんですが……（3秒の間）、かくかくしかじか（本音）」

または、**「○○さんがそう思うのはわかるような気がします（共感）……（3秒の間）。実は、かくかくしかじか（本音）。……（3秒の間）、まあ、あくまでも私の考えなんですけれどね」**

いかがでしょう。間を置きながら話すと、相手に本気度だけでなく深刻度も伝わるような気がしませんか？

3秒が速いと感じる人は、心の中でゆっくりと、1、2、3と、カウントするのもいいですね。または、時間を気にしないで、実際に大きな深呼吸をしてもいいでしょう。

要は、**何か言いたげな雰囲気を相手に感じ取ってもらえれば本気度が伝わるのです。**加えて、話しているときも途中で間を入れることで、本気度に比例するように深刻度も増していくのです。

実際に私自身もこのＩＳＯ講師のアドバイスを取り入れ、本音を話す場面では、1、2、3と、ややゆっくりめにカウントした間を入れて、その場の空気を切り替えるように伝えることを心がけています。

相手とは違う意見や考え方を伝えるときは、「間」を置きながら話してみましょう。本音がスムーズに通る可能性が高くなります。

恐るべし「3秒切り替え術」です。

責めるのではなく、「価値観の違い」を伝える

価値観の違いを人に伝える場面は、どんなシーンを思い浮かべますか？

考え方の違いからくるちょっとしたディスカッションのような光景を思い浮かべる人が多いのではないでしょうか。

ただ、意見のディスカッションは、建設的にしているつもりでも、考え方を押し付けるような仕方をすると、ケンカに発展してしまいます。

嫌な空気を最小限にするためには、相手を責めるのではなくて、お互いの価値観が違うことを伝えるのが大きなコツです。

これから紹介するのは、クライアントの女性から、恋愛関係に発展する前の段階で、ラインで相手の男性に見切りをつけたく、傷つけないようにするにはどのよう

に書いたらいいかというご相談を受けたときのエピソードです（ご本人から許可を得て載せています）。

その前に、なぜ彼女が見切りをつける気持ちに至ったのかを説明します。仮にA子さん、B男さんとします。2人は共に40代の独身で、共通の知り合いが開催する勉強会で知り合い、B男さんのアプローチから時々食事をするようになります。

ところが自分のことばかり話すB男さんに、A子さんは初回から違和感を持ちます。違和感を持ちながらも、それだけ自分のことを知ってもらいたいのだろうと好意的に話を聞いていました。しかし食事をするたびに同じ話をし、聞いてもいない幼少時のことから現在に至るまで話し続けるB男さんに対して、違和感が不快感に変わっていったのです。

ひと通り聞いたタイミングでA子さんが自分のことを話し始めても、すぐに自分の話にすり替えてしまう。会っていないときに体調がすぐれないことを知らせても、心配する言葉もなく、日記のようなラインしか送られてこないのだそうです。

つまりB男さんは、自分ファーストが強い人だと言えます。穏やかで慎重なA子さんは、自分の年代を思うと高望みはできないと謙虚な気持ちで食事デートを続けてきたと言います。

ですがその気持ちは半年後に、「もう無理だ」と判断をするのです。

そして次の食事の誘いが来たタイミングで、ラインを返そうと決心したのでした。

本心では、「いつも自分のことばかりで、思いやりがない人とはこれ以上お付き合いできません」とストレートに言いたいところを、次のような内容にして送信しました。

「B男さん、毎日お忙しくされていると思います。体調こわされていませんか？

朝からこのようなラインで申し訳ないのですが、以前から思っていたことでもあり、このままお伝えするのを長引かせるのも失礼だと思うので、正直に私の気持ちをお伝えします。Ｂ男さんは幼少のころからお勉強もできて、仕事もずっとがんばってこられて立派です。ですが、相手を思いやる気持ちに関しては、お互いの温度差があり過ぎると感じています。ただこれは私の感じ方であって、Ｂ男さんが間違っているわけではありません。ただ単に、私たちの価値観が違うのだと思います。今度のお食事は、ごめんなさい」

いかがでしょうか。**最初に労《ねぎら》いと体調を慮《おもんぱか》る言葉を添えてから、最も言いたい「思いやり」の部分にチクっと触れつつ、価値観の違いをしっかり伝えています。**それにより相手のプライドを傷つける大きさはかなり軽減されるはずです。

それに対して彼からの返信は、青天の霹靂《へきれき》だったのでしょう。

「ごめんなさい」のひと言もなく、ただただ仕事の忙しさを言い訳にした内容を送ってきたとのことですが、最後には納得せざるを得なかったのでしょう。その後、ラインが来ることはなかったそうです。

恋愛だけでなく、友人関係や仕事関係でも、この人と付き合うのは無理だと感じたら、**相手を責めるのではなく価値観の違いを伝えると、納得してもらえる可能性が高まり、大きなトラブルに発展することはないでしょう。**

「スタンプ」を上手く活用しよう

大事なことを伝えるときは、直接会って相手の顔を見ながら話すほうが誠実であり、真摯な気持ちが伝わります。

ですが、現代ではラインが主流ですね。3人以上の仲間なら、グループラインができるし、距離や時間など物理的な面を思えばラインが最も便利なコミュニケーションツールになっているのは当然だと言えます。

それだけに、表情が見えないラインで大事なことを伝えるときは、相手への心配りを忘れないようにしましょう。**特に、相手にとってネガティブになりそうなことを伝えるときこそ、冷たい印象にならないように注意することが大切です。**

では、具体的にどのようにしたらいいのでしょう。

答えは簡単です！　**スタンプを使えばいいのです。**　ラインスタンプは、ネガティブな内容をポジティブに変えてくれる大きな助っ人です。

例えば私がよく使うスタンプは、着物を着た漫画チックなおかみさんシリーズや、かわいい動物のイラストに「いつもありがとうございます」「ありがとう」の文字が書かれたものです。

ラインで会食やイベントなどに誘われて、都合がつかずお断りの返事をする際に、**「ごめんなさい」のスタンプではなく、あえて「いつもありがとうございます」「ありがとう」を送っています。**

えっ、断るのにありがとうのスタンプっておかしくない？　ごめんなさいのスタンプじゃないの？　と思いますよね？　これにはきちんと理由があるのです。

人は、感謝されると嬉しい生き物です。

ありがとうと言われて嬉しくない人はいないでしょう。もしいるとしたら、その人はちょっとへそ曲がりですが、そんなへそ曲がりさんでも、本当は喜びたい気持ちが心の奥に隠されているはずなのです。

そして、「いつもありがとう」という言葉は、ありがとうに「いつも」がプラスされていますね。嬉しさに嬉しさがプラスされれば、相手の自己肯定感が高まります。

その分、スタンプの前の文章でしっかり謝ることがポイントです。

親しい友人だとしても、まずは「誘ってくれてどうもありがとう」と書いてから、「その日は変更できない予定が前から入っているのでごめんなさい」と丁寧に謝りましょう。それから「いつもありがとう」「ありがとう」スタンプを送るのです。

文章で書いた「誘ってくれてありがとう」という気持ちがスタンプからも伝わり、相手との関係性が悪くなる確率はかなり低くなります。

お誘いを断るときだけでなく、自分の意見や考え方を伝えるときも、「僭越ですが自分はこう思います」と文章で送ってから、感謝の気持ちを表すスタンプを追加しましょう。何かお願いをするときも同様です。

「ありがとうございます」「いつもありがとう」などのサンクススタンプをお持ちでない人は、ぜひ探してみてください。星の数ほどあるラインスタンプの中から、あなた好みの魅力的なものがきっと見つかることでしょう。

ポイントは、**「丁寧な文章」＋「いつもありがとう」スタンプで！**

第5章

場面別・相手別 本音を伝える 上手な言い回し

相手を「聞く姿勢」に変える、魔法のひと言

実はね、私思うんですけど……

ミーティングだったり面談だったり、お茶やお酒の席だったり、仕事でもプライベートでも、相手の言ったことに「おっしゃる通りです」と素直に共感できない場面ってあると思います。そのようなとき、当たり障りなく「そうなんですね」「そうですか」「なるほどね……」など、共感でもなく否定でもない言葉で返すのは無難かもしれません。または、「う～ん」と小さくうなって話が完了してしまうこともあるでしょう。ですが、後になってからモヤモヤが続く可能性があります。

かといって、ダイレクトに「私はこう思います」「それは違うと思う」と言うのも、自己主張が強いイメージを相手に与えてしまうでしょう。

本音を上手に伝える人は「実はね、私思うんですけど……」と言ってから本心を伝えていきます。例えば**「実はね、私思うんですけど……○○の件はもう少し様子を見てから結論を出したらいいような気がします」**とこんな感じです。相手はあなたの思いを不思議なほどすーっと聞いてくれることでしょう。なぜなら「実はね……」には、**ちょっとした秘密がこれから打ち明けられるような特別感があるからです。**それゆえ、思わず前のめりになってあなたの本音を聞く姿勢になるのです。

信頼している人へは本心を伝えてみる

○○さんだから、本音を言いますね

この言葉には、○○さんなら自分の本音を受け入れて理解してくれるかもしれない、という気持ちが含まれています。最初にこの言葉を言われた人は嬉しい気持ちになり、相手の話を聞こうという心理になります。

なぜなら、自分に対して安心感を抱いてくれていると思うからです。それだけでなく、自分に本音を聞いてもらうことで何かいいアドバイスを求めているのかもしれないと想像もします。特に「○○さんだから」という言葉には、多かれ少なかれ双方の信頼関係が成り立っていることを感じとることができるのです。

親しい間柄はもちろんのこと、**信頼できそうだなと思う人に本音を言うときにぜひ使ってみてほしいと思います。**

ここで1つ注意点があります。「○○さんだから」と言われた側は、自分だけが特別だと勘違いして後からがっかりしないようにしましょう。なぜなら「あなただから」には、あなた以外の人が潜んでいるかもしれないからです。本音を聞いてもらいたい人は1人とは限りません。微妙なニュアンスですが「○○さんだから」はあくまでも not the only one で、「あなただけに」の only one とは違うのです。

自分を「下」に置いて、相手を立てる

未熟な僕（私）なんかは、つい「○○（本音）」だと思ってしまいます

先ほどの「○○さんだから」は、本音を言う前にまずは相手を上にして立てることで自動的に自分を下げていました。今度は、先に自分を下げることで自動的に相手を立てることになる冒頭の言葉を紹介します。

金融関係の仕事をしている知り合いの40代の男性、Kさんは目上の人がちょっとした気難しい意見を言ってきたとき、「未熟な僕なんかは」と言って本音をさらっと言います。共通の趣味で集まる交流会を開く場所について、数人で話し合っていたときのことです。ある人が、次回はいつもの所とはがらりと雰囲気の違うお店を提案しました。「新しい場所も新鮮でいいかもね」と数人が賛同する中、気難しい目上の人は腕を組みながら「う～ん、やっぱりいつもの場所が安心でいいでしょ！」と、やや畳み掛けるように言いました。その場の空気が氷結し始めたそのとき、Kさんはこう言ったのです。**「未熟な僕なんかは、つい冒険したくなるんですよね。たまには新しいお店も行ってみたいなって思ってしまうんです」**

「上手いなあ～、本音を言うのが実に上手い」と思ったのを覚えています。Kさんの思いが通じて、「1回だけ試してみようか」と目上の人は首を縦に振ったのでした。

人の話を聞かない支配的な上司には

ひと言でシンプルに、ストレートに

リクルートで法人営業をしていたとき、取引先でこんな場面に遭遇しました。何度目かの訪問でやっと会ってもらえたある企業の営業部長は、私と話しながらも営業から次々と戻ってくる部下たちに「どうだった?」とその日の成果を聞いていくのです。そしてその返答が曖昧で気弱なものだと、きびしい口調で指示や意見を突きつけていました。言われている部下たちは萎縮しているようで気の毒に思えたものです。ところが、「部長、ダメでした」「今日のところは保留です」「部長、あとでご指示ください」と、はっきりひと言で答える部下には手を上げて「わかった」という合図をするのです。後日、その会社の人事課長に失礼を承知の上で「課長はじめ部下の皆さんの働きやすさに悪い影響はないのでしょうか」と聞いてみました。

すると課長は次のように答えたのです。「最初は私もずいぶん戸惑いましたよ。**でもね、せっかちで単純な人だとわかったら、萎縮する必要はないと思ってね。感情的にならず余計なことを言わず、シンプルにストレートに話せば案外上手くいくこともわかったんだよね**。それを実践している営業マンは部長に上手に本音を伝えられているようで、若い彼らの方が大人ですよ(笑)」。

社交的だが調子のいい上司には

「頼りになります」とほめる

誰でもほめられたら嬉しいものですね。いつも眉根を寄せて、部下をめったにほめない上司でも、部下からほめられたら内心は嬉しいはずです。**明朗快活で元気を絵に描いたような上司ならば、ほめられることは何ものにも勝るエネルギーチャージになると言っていいでしょう。**

「説明がわかりやすいです」「それはすごいです」「カッコいいです」など、素晴らしいと思う場面があったら本気でほめましょう。特に、自分は頼られていると思うと、がぜん力を発揮するのも社交的な上司の素晴らしい特徴です。

リクルート時代、上司の同行は不要なくらいキャリアを積んでいる頃にもかかわらず、特殊なIT企業の商談に行くのが不安で仕方がないことがありました。若手の同行で忙しい上司に弱音を吐くのは情けなかったけれど、思いきって「マネージャーだけが頼りなんです」とお願いをしてみました。「仕方ないなあ」と言いながらも一瞬、心が躍ったような、上司冥利《みょうり》につきるような表情をしたのを見逃しませんでした（笑）。もちろん商談を終えたら「本当に頼りになります」と御礼に加えて。皆さんも社交的な上司に本音を言うときに、使ってみてくださいね。

決断に時間がかかる上司には

期限を明確に伝える

気配り上手だけど決断に時間がかかる上司は、仕事よりも人間関係を大切にする傾向があります。もちろん仕事は大事です。ですがそれ以前に「人」があってこその会社でありチームであることを、このタイプの上司は知っているのです。実は銀座に訪れる上客の中で最も多いのが、気配り上手なこちらのタイプでした（もちろん私が知る限りですが）。穏やかに腰を据えて部下の話を聞き、「そうだね」と共感しながら冷静に、ときにユーモアを交えて的確にアドバイスをしていくその姿はまさに気配り上手、部下たちも「最強のサポーターです」と声を揃えていました。

ですがそんな最強サポーターには、計画や目標を立てることへの意識が高くない傾向が見受けられ、ときに決断に時間がかかることがあり部下を悩ませていました。

そんなとき本音を上手に伝える部下は、「部長、A社の件ですが、いつ頃ジャッジのお返事いただけそうですか？　**週明け月曜日の午後にはお客さまに電話をするので、月曜日の正午までには決まっていると助かります**」**と期限を明確に伝えていました。**上司は「ああそうだ、A社の件ね。わかった、月曜日の午前中までに決めるようにしよう」と、部下からの期限をインプットしたのでした。

正確さを重視する気難しい上司には

数字のデータを添えて

気配り上手な上司が仕事よりも人間関係を大切にするのに対して、正確さを重視する上司は、人間関係より仕事、特に数字に重きをおく傾向があります。

つまり、正確であることこそが、このタイプのアイデンティティなのです。自分が失敗やミスをすることを嫌うゆえ過度にストイックです。常に正確さを求めるせいか、表情も固まりがちです。部下からは気難しい上司に見えることでしょう。

ですが安心してください。このタイプの上司に本音を伝えるときのヒントを頭に入れておけば大丈夫です。ヒントとは、ずばり「データ」です。「部長、このようにしたいのですが、いかがでしょうか。いまデータを送りました」「こちらのデータにあるように……かくかくしかじか」「このようなデータを集めてみました。いかがでしょうか」とこんな感じです。そして、ほめても無感動なことが多いため、ほめるときも**「部長の示してくれたあのデータはたいへん参考になりました！」**と、どこまでもデータ付きで（笑）。または、「部長の持久力には敵いません」など、数字が想像できるようなほめ方もよいでしょう。正確さを重視する上司に本音や意見を言うときは、データこそが大きな武器になることは間違いなさそうです。

相手が「NO」と言いにくい質問をする

自分の意見を言ってもいいですか？

「自分の意見を言ってもいいですか?」と言われて、真面目に「ダメ」と答える人はいないと思います。いるとしたら、その人は残念ながら相当協調性に欠けていて、自己中心的だと言えます。**あくまでも私の見解ですが、気難しそうで話しかけづらい雰囲気を持っている人でも、相手から積極的に話を聞いてほしいという姿勢を見せられたら、聞く耳を持つのです。**

仕事上でもプライベートでも、話し合いや打ち合わせをする場面がありますね。そんなとき、1つの意見に圧倒されて自分の思っていることが言えないまま決まってしまった経験は誰もがあるのではないでしょうか。一対一のときも然りです。

そんなときは、本音を話す承諾をもらうイメージで**「自分の意見を言ってもいいですか?」「私が思っていることを話してもいいですか?」**と言ってみましょう。意外と簡単に「どうぞ話してください」と聞く耳を持とうとしてくれるでしょう。承諾を得るような言い方をされたら「NO」と言いにくいからです。

気難しそうで圧力を感じるような人も、よほどの冷血人間でなければ、心の奥底には優しい灯《ともしび》が小さく揺れ動いているのです。

最初に笑ってから、明るくシンプルに伝える

あはは〜、それはアウトです

「笑う門には福来る」というのは本当です。釈迦に説法でごめんなさい、そんなこと皆さんは百も承知ですよね。ですがどれだけ多くの人がこれを実践しているかというと、私自身も含めちょっと自信がありません。ツライ場面に遭遇すれば、笑顔でいるのは難しいからです。

知り合いに、いつも笑っている人がいます。バカではありません（笑）。瞬時にその場の空気を読むことができる頭の回転が速い人です。その人がいると、イヤな空気が一瞬に消え去ります。例えば誰かが、その場所にいない仲間のことをちょっと悪く言ったとき**「あはは～悪口はアウトです」**と言って悪い流れをストップさせるのです。愚痴を言う人がいたら**「それってもしかしたら愚痴ですか？　あはは～だとしたら今日はアウトです」**と言って周りの笑いを誘います。言われた人も「あ、そうだね」とバツが悪そうながらも納得するようです。

「それはアウト」だと言っているのに否定的に感じないのは、最初に優しく微笑みながら「あはは～」と言って、明るくシンプルに本音を伝えているからです。その姿は優雅にさえ感じます。まさに、鶴の一声なのです。

相手が絶対に謝らないとき

素直に謝れる人って、素敵だと思うな

絶対に謝らない人には、大きく分けて2つのタイプがあると私は思っています。

1つは、プライドが高く自分は決して間違っていない、周りも自分を優れた人間だと評価していると勘違いをしているタイプです。2つ目は自覚が全くないタイプ。人に迷惑をかけたり傷つけたりしていることに気がつかないから、謝るという気持ちに到達しないのですね。後者は、頑固という岩にかかった鎖を少しずつほどいていくように、よい例を伝えながら謝ることの重要性を理解してもらうことが改善策のような気がします。前者は、自分自身が過去に謝られた経験を伝えることで、意外と早く謝ることの効果を共有してもらえる可能性があります。**コツは、感想を言うように「素直に謝れる人って、素敵だと思うな」と言ってみるのです。**直接的ではなく間接的に言うことで、相手のプライドを傷つけずに済みます。

このひと言だけでもいいですし、相手の反応によってはそのときのエピソードを話してもよいでしょう。「○○さんって絶対に謝らないよね」「謝らない人ってホント最悪」と否定的に言うより、「素直に謝れる人って素敵だと思う」と、遠回しでも肯定的に伝えることで、相手の心情が動く場合があるのです。

ストイック過ぎる人に

ちょっとがんばり過ぎに見えるけど、大丈夫？

何でも「過ぎる」と、いい結果に繋がらない場合があることは第2章でもお伝えしました。ストイックも同様です。粘り強く最後までやり遂げる精神力はとても素晴らしいことです。ですがストイック過ぎると、人間関係でとても大切な時間を犠牲にしてしまう可能性があります。加えて、体調をも崩しかねません。

私自身も昼夜のダブルワークで慢性睡眠不足となり、入院には至らなかったものの同時に3つの病気になった時期がありました。そんな私にストップをかけてくれたのは、「ちょっとがんばり過ぎに見えるけど、大丈夫？」という銀座のお客さまの言葉でした。大丈夫ですと答える私に「**どう見てもがんばり過ぎでしょう。本当に倒れて、がんばってきたことがゼロになってしまったら元も子もないよ**」と、半分脅しのように（笑）助言をしてくれたのです。お客さまからの本気の助言がなかったら、私のストイック過ぎはとどまることを知らなかったかもしれないのです。

以後、完ぺきまでに自分を追い詰めそうな人を見ると、この方の言葉を借りて、「ちょっとがんばり過ぎに見えるけど大丈夫？」と、声をかけるようにしています。

話が通じない相手に

どうしたら理解してもらえるのか教えて

これは頭が痛くなる問題です。わかりやすく話しても言っていることが伝わらないのは、ほとほと参ってしまいますよね。よほど心に余裕がないとイライラするのは無理もないことです。「何回言ったらわかるの」「言ってることわからない？」から始まり、つい「バカじゃないの」と叫びたくなることもあるでしょう。ですがこれではトゲがあります。相手の心に感情的な矢を飛ばしても、ブーメランのように自分に矢が跳ね返ってくる可能性があります。

こんなときリクルートの上司は「どうしたら理解してもらえるのか教えて」と、冷静に尋ねていたのを思い出します。心の中ではバカ野郎と叫んでいたかもしれないけれど、あえて冷静に聞いてからしばらく返事を待っていました。すると「すみません。もう一度わかりやすく話してください」とぼそぼそと答えが返ってくるのです。上司は「わかった」と言ってその場で紙を出し、シンプルな図を描いて説明をしていました。子どもでもわかるように図を描いて伝えるのはいい方法です。その前に「どうしたら理解してもらえるかな」と尋ねることで、**相手に「答えよう」「応じよう」という心理が生まれ、上司の心もお手上げにはならずに済んだのです。**

第6章

相手との関係別
注意しておきたいこと

上司や先輩……

相手には敬意を持って、礼儀正しく落ち着いて話す

年齢や立場は関係なく、誰に対しても敬意を持って接することができる人はとても素敵です。私はよく、相手ファーストという言葉を使いますが、これは自分を大切にしないという意味ではありません。

相手の感情を想像して、それを尊重することに重きをおくということです。決して、自己犠牲的な態度をとることを言っているのではないのです。

相手ファーストは、健全な人間関係を築く上で最も大切なスキルです。

特に、社会での身近な人間関係として、上司や先輩の指示やアドバイスには忠実に行動したいものです。その上で、意見があるときは丁寧に話せば、印象が悪くなることはありません。

ここで、私がコミュニケーションの研修講師をしているときに、社員の皆さんに話している内容をお伝えしたいと思います。

それは、**「最も優先すべきは、上司の指示」**です。

なぜだと思いますか？

上司は、自分（上司）より上の人から指示されているからです。もしくは、上長の考えを忠実に受けとめ判断して動いているからです。

上司にも上司がいるのです。

それは、部長かもしれないし取締役かもしれません。社長かもしれません。

つまり、上司の指示を後回しにすることは、社長の指示を後回しにしていることになるのです。

そして社長の上には、顧客がいます。

この当たり前のしくみを逆に説明すると、顧客があってこそ会社が動いています。

その会社を動かしている代表は社長です。社長の部下には、取締役や部長がいて、そして従業員がいます。

個人事業主なら別ですが、組織はこのような流れで意思決定が稼働していることを知っておくと、スムーズに敬意を抱くことができるでしょう。

もちろん、上司の指示よりも顧客の対応を真っ先にしなくてはならないときもあるでしょう。

そのときは、その旨を上司に伝えて相談すればいいのです。

その際、「できません」「いまちょっと無理です」とストレートに本音をぶつけるのではなく、**「すぐに取り掛かりたいのですが、○時までに○社の対応をしなくてはならないので、その後でもよろしいでしょうか」と、丁寧に礼儀正しく、落ち着いて現在のキャパシティを伝えましょう。**上司は気持ちよく理解してくれるはずです。

上司や先輩に敬意を持って接する姿は周囲の人たちにもいい影響を与え、社内に清々しい空気が流れていくのです。

部下や後輩……

注意するときは冷静に、感情的にならず

先日、心臓が飛び出るかと思うほどびっくりする場面に遭遇しました。

久しぶりに従妹と都内のホテル内のカフェでランチをした日、話し足りないからもう少しだけ話しましょうと、カフェからフロント前に移動してソファーに腰かけようとしたとき、「何回言ったらわかるんだ！」という大きな怒鳴り声が飛んできたのです。

声の主は、あきらかに上司だと思われる50代くらいの男性で、怒鳴られていたのは20代くらいの青年ホテルマンでした。

案内係でしょうか、業務の役割はわかりませんが、フロントの横に立っていた青年は何も言えずうつむいたままです。

ショックを隠し切れないのか、心なしか青ざめているように見受けられました。チェックインやチェックアウトをするお客さまも、心配そうに様子をうかがっています。

上司は懲りずに「まったく！　何回言ったらわかるんだ！」を連呼しながらフロントのカウンターに手を置き、指でイライラを奏でているのです。

心の中で、「青年よ、『今、何回目ですか？』て返すのよ！」と叫びながら、その上司の前に行き、「そのように感情的な言い方をしないと、彼はわからない人間なのですか？」と質問したくなりましたが、あることに気がつき自制しました。

それは、上司が怒っている理由を、私は知らないという気づきです。

もしかしたら青年は、本当に同じことを何回注意されても（何回かはわかりませんが）一向に改善しようとしていなかったのかもしれないのです。

そうだとしたら、怒鳴りたくなる気持ちもわかります。

そしてその怒鳴りに、部下への愛情が込められているかどうかも、部下である青年本人と、カウンター業務にいた仲間のホテルスタッフでなければわからないのです。

とはいえ、公衆の面前で怒鳴ったのですから、上司が激しく感情的になっていたことは事実でしょう。しかも親子ほど歳が離れています。

真に部下を育てたいと思ったら、叱るときほど冷静に、感情的にならないように諭すほうが上手くいくでしょう。

そのほうが、青年のモチベーションを過度に下げることなく、自ら直すべき問題に意識を向けて成長するような気がしてなりません。

青年はその後どうしているかなと、他人の私が彼のメンタルを心配しても仕方がないのかもしれませんが、今こうやってエピソードを書いていると、リクルートの上司がよく言っていた言葉を思い出すのです。

それは**「部下の育成と子育ては似ている。だから、期待をし過ぎないこと」**です。

上司は部下に対して、ときにきびしく指導することが必要な場面もあるでしょう。

ですが最も重要なのは、感情的にならず冷静な状態で的確なアドバイスを提供し、部下からの信頼とリスペクトを失わないようにすることなのです。

付き合いの深い顧客……

相手の感情に寄り添って、思いやりを忘れず

ビジネスパーソンにとって、お客さまと仲よくなっていくことほど嬉しいことはないでしょう。仲よくなるということは信頼関係が築かれていることです。

お客さまはあなたにいい印象だけでなく高い評価も持ち、長期的な取引の可能性が高まります。

営業や接客のみならず、お客さまと直でコミュニケーションをとる仕事をしてる人にとって、顧客と親しくなることは大きなメリットとなり、名誉以外の何物でもないのです。

ですが、デメリットがあることも忘れてはいけません。

それは**「節度」**です。親しくなっていくと、つい忘れてしまいがちなのが常識的

な行動のマナーです。常識的なことは常識だとすでに脳がインプットされているので、あえて意識をしないのですね。それが「ついうっかり」という非常識な言動を発生させてしまうのです。

その「ついうっかり」は、お客さまとの関係に慣れてきたころにやってきます。初心者マークが外れて、やっと車の運転に慣れてきたころに交通違反をしてしまうのと同じで、気が緩んでしまうのでしょう。

ずいぶん前の話になりますが、知り合いの男性営業マンから聞いた失敗談をお話しします。

休日に釣りやゴルフを一緒に楽しむまで、某メーカーの部長と仲よくなった彼は、いつものようにお酒を飲みながら、お客さまと楽しい会食をしていました。プライベートな話が一段落したころ、彼は「この間ご提案した新商品はどうでしょうか」と、ビジネスの話を切り出しました。ここまではよくあるパターンですね。お客さまも「ああ、この間の話ね。社長に話したら、今はまだ必要ないでしょうと言っていたよ」と答えたそうです。ここまでも、よくある自然な流れです。

ところがこの後、彼は「ついうっかり」な言動を重ねてしまうのです。

「今このタイミングで商品を取り入れておかないと、損をしますよ」

この発言を聞いてお客さまは「もしかしたらちょっと価格が高いという理由も、社長の中にあるかもしれない」と、正直な感想を付け加えたそうです。

この時点で「了解です」など、肯定して話をやめておけばよかったのに、アルコールも手伝ってなのか取り返しのつかないひと言を放ってしまうのです。

「部長の会社、お金ならいくらでもあるでしょう」

これを聞いた瞬間の、お客さまの表情や反応は記憶にないそうですが、しばらく沈黙が流れたことだけは覚えているとのこと。そしてしばらく雑談をしてからお開きとなり、電車の中で爆睡をし、翌日になって酔い過ぎて自分の発言が自己中心的だったかもしれないと青ざめるのです。青ざめたものの、お酒の席でのことだし大丈夫だろうとたかをくくり、呑気に過ごしていたのだそうです。

さて、勘のいい皆さんなら、この後の結末が想像できると思います。そうです。その後の取引はなくなり、お客さまが好きな釣りやゴルフに誘ってみても、断られるようになってしまうのです。

顧客は、お金を払ってくださる相手であり得意先側の人です。どんなに会社の業績がよい時期だったとしても、損得をイメージさせるような発言はお客さまに寄り添っていません。自分の成績しか考えていない人だという印象が強く出てしまうと、関係性を元に戻すのは、難しくなると言っていいでしょう。

もちろん顧客にとっても、よい商品や企画を提案してくれる取引先があっての事業です。双方によい結果をもたらしてこそウィンウィンの関係ができます。

ただそこには、「節度」という境界線が存在していることを忘れないようにすることが最も重要なのです。

付き合いの浅い顧客……

本音はタイミングを見極めて、オブラートに包む

前項では、お客さまとの付き合いが深くなっているときに忘れてはいけない「節度」についてお話をしました。

では、関係がまだ浅い場合はどうでしょう。休日を一緒に過ごすこともなければ、お酒を飲む機会もない段階では、節度という境界線までは距離がだいぶあります。先ほどの営業マンのような失敗をすることはないでしょう。

ですが、関係性が浅いときに気をつけたいポイントがあります。

それは、本音を言うタイミングと伝え方です。

この2つを頭に入れておくと、本音が礼儀正しく相手に伝わります。

例えば出会ったばかりの友人や知人に招待されて、初めてご自宅に行ったと仮定

してその場を想像してみてください。「どうぞおあがりください」「さあどうぞ入って」と言われてから靴を脱ぎますね？　初めての訪問で、言われていないのに靴を脱いで入っていく人はいないでしょう。

そして、「どうぞ椅子に座って」と言われて初めて座りますね。言われていないのに、ドカッと自ら座る人はいないでしょう。えっ、いますか？（笑）

「何が飲みたいですか？」「コーヒーと紅茶どちらにする？」「温かいのと冷たいのとどちらがいいですか？」と聞かれてからお願いしますね？　聞かれていないのに、「アイスコーヒーで」とは答えないと思います。

顧客に対しても同様です。初めてのアポはもちろんのこと数回目のアポでも、付き合いが浅いお客さまの会社を訪問した際は、「どうぞお座りください」と言われてから座り、飲み物が出されたら「いただきます」「いただいてよろしいですか？」と、ひと言添えてからカップやペットボトルに手を伸ばすのがマナーです。

そしてお客さまから話を切り出したら、話を聞き洩らすことなく集中して聞くことに徹するのです。もしお客さまが黙っていたら、答えやすい質問から始めましょう。うなずいて相槌をうったりして、聞き上手の基本の姿勢でいるのです。

そしてひと通りお客さまの話を聞いた頃が本音を話すタイミングです。お客さまは、話したいことを話したという状態を経て、今度は相手の話を聞こうという姿勢に気持ちが切り替わるからです。

このタイミングこそ、自分の感想や考え方など、本音を言うタイミングです。

次のポイントは、伝え方です。感謝して感想を言うように伝えていくのです。

営業職なら**「会社のご状況を話してくださりありがとうございます。お客さまのお悩みがよくわかりました。私が感じたのは、社内に次のようなシステムがあるといいかもしれません」**と、このような感じです。

接客業なら**「大切な話をしてくださりありがとうございます。それは大変ですね。あくまでも私が思うことですが、このような対策はどうでしょうか」**と、このような感じです。

話してくれたことに感謝をしてから感想を言うようにすれば、本音が主張し過ぎ、ません。お客さまとの距離が浅いときはこのように、話すタイミングと伝え方を意識しておけば、本音をオブラートに包むことができます。

第1章でもお伝えしたように、本音の処方箋となって、お客さまの心に早く溶け込んでいくのです。

親や兄弟……

ついストレートに言いがちなので、ひと呼吸置いてから

皆さんは、家族に本音を言いやすいですか？

家族は気をつかわないから何でも言いやすいという人と、逆に家族の方が気をつかうから本音は言いにくいという人に分かれるのではないでしょうか。

極端ですが大きく2つに分けると、前者は明るくてオープンな家庭に育った傾向があり、後者はその逆で、どこか支配的な感じのする家庭に育った傾向があるように感じています。

ですが、明るくてオープンな家庭環境だからといって、思ったことをストレートにバンバン言っていたら、家族だって人間ですから傷つきます。

子どもの頃は、親は自分よりもずっと体の大きい大人だったけれど、思春期の頃

には身長も追いついて、社会人になったらもう立派な大人です。大人になった子どもにストレートに本音をぶつけられた親は、たとえそれが冷静な言い方だったとしても案外傷つくものなのです。

では、子どもは家族に本音を言うとき、どのように言えばいいのでしょうか。

例えば、実家を出て社会人となり、生活スタイルが変わった子どもを心配するあまり、「ちゃんとやってるの？」「ご飯はちゃんと食べてるの？」「ちゃんと寝てるの？」と、しょっちゅう連絡をしてくる母親がいるとします。

そんなとき「うるさいなあ、大丈夫だから！」とか、「しつこいよ、ちゃんとやってるから心配ご無用！」と、言いたくなりますよね？　よくわかります。ですが、基本的に優しい親なら、自分の子どもでもグサッときます。

とはいえちょっと気が強い親なら「こっちは心配して言ってるのに、そんな言い方することないでしょ！」と返され、険悪なムードになってしまうでしょう。電話でもラインでも、これではお互いに後味が悪いものですね。

後味が悪くならないようにするには、ストレートに言いたい気持ちを抑えるようにひと呼吸置くのです。3秒の間をとるように大きな深呼吸をしてみましょう。「心配し過ぎなんだよ」「ほんとうるさいなあ」と思いながらため息をつくのもいいでしょう。大きな深呼吸で、息とともに気持ちも吐き出してしまうといいのです。

そして、心配してくれていることはありがたいことだと思えるように気持ちを切り替えることができれば、返す言葉にトゲがなくなります。

「心配してくれてありがとう。毎日ちゃんとやっているから大丈夫だよ。もし困ったことができたら、必ず連絡するから安心してください」

冒頭に感謝の気持ちを添えて、安心させるように締めくくっていますね。これなら、親の気持ちを傷つけることなく、ケンカにもならず、後味もよいでしょう。

いくつになっても親は子どもが心配なのかもしれませんが、もはや時代は令和です。社会は、平成生まれが動かし始めていると言っても過言ではありません。ならば、親は、子どもというより対大人として、ほどほどの距離を持って接していくことが大切なのです。

かくいう私も、わかっていながらつい過保護なことを娘に言ってしまうことがあります。そんなとき、娘は次のように言って私の口をふさぎます。

「大丈夫だよ。もう32歳だから」

そう、年齢を入れてくるのです（笑）。これには「確かにそうだ」としか返しようがなくなります。年齢を入れることで親を納得させるのですね。傷つくこともなく、嫌な空気にもなりません。もしよかったら皆さんもつかってみてくださいね。

さて、兄弟間は親より歳が近いこともあり、親とはまた違った空気が流れるものですが、やはり本音を言うときにはストレート過ぎないように気を配るに越したことはありません。

「子どもの頃、顔を合わせればケンカになっていたのに、大人になったらすっかり仲よくなって驚いている」という親の声をよく聞きます。子どもの頃は遠慮がないだけに、取っ組み合いのケンカをしてまで本音をぶつけあっても、年齢を重ねるごとに兄は弟を、または弟が兄を、1人の大人として尊重していくからでしょう。

尊重する気持ちが思いやりとなって、上手に兄弟と接することができるようになるのです。

それとは逆に、子どもの頃は仲がよかったのに、大人になったら仲が悪くなったという声も聞きます。大人になってからの仲たがいは少々やっかいで、口喧嘩に発展しなくても、一度入った兄弟間のヒビの修復は難しそうです。

皆さんにはまだ先の話かもしれませんが、知り合いの男性の話をしましょう。

その男性は、40代のときに親のことでお兄さんと揉めて、以後25年もの間、いっさいの連絡を取り合うことなく、絶縁のような状態になっていました。

「もしあのとき、兄の言い方が押し付けるような攻撃的なものでなければ、僕はここまで兄を嫌いにはなっていない。小さいときは仲がよかったんだけどねえ」と、何度となく語っていた彼は、どことなく寂しそうでした。

そして25年後、親が亡くなったときをもって、錆びついた鎖が解錠されるのです。

母親の葬儀が一段落したころ、なんとお兄さんのほうから「あのときは悪かった。あまりに仕事が忙し過ぎて余裕がなかった」と、すべてを弟に押し付けるように任せてしまったことを謝ってきたというのです。

優しい知り合いの男性は、「正直驚いたけど、兄も歳をとったんだなあと思った。僕も70代。わだかまりが全くないわけじゃないけれど、兄の謝罪を快く受け取ることができました」と、涙ながらに話してくれました。

不思議ですね。親のことが原因で絶縁になった兄弟が、天寿を全うした親によって凝り固まったしこりを水に流せたのです。

仲がよくない兄弟は、何かと敵対心を覗かせてしまいがちです。それゆえ、言い方ひとつで対立してしまうのでしょう。

また、知り合いのエピソードからもわかるように、兄弟間は複雑で、それぞれの人によって様々な要因が影響する場合があります。

ですが、どちらかが相手を理解するようなコミュニケーションができれば、大きな溝ができることは回避できるでしょう。

そのためにはいったん冷静になり、攻撃的な言い方はもちろんのこと、押し付けるような、畳みかけるような言い方にも十分気をつけることです。

加えて、譲り合う気持ちがあると、もっと上手くいくでしょう。

パートナーや恋人……

相手の気持ちを配慮しつつ、オープンに

昨今、「アサーション」という言葉をよく耳にします。

アサーションとは、**相手も自分も大切にする表現手法のことを指す心理学用語で、「アサーティブコミュニケーション」という言い方もします。**

具体的には、自分の気持ちを大事にしながら相手の気持ちや立場も大事にする伝え方です。自分の言いたいことを我慢することなく相手ファーストでいることをそう呼ぶのであれば、すべての人間関係においてアサーションが必要だと言えます。

ですが私は、**パートナーや恋人に対してこそアサーションが大事だと考えます。**

なぜなら、育った環境も価値観も異なる相手を傷つけないように尊重しながら、自分の考えや要望を対等に伝えることが必要になる対象の多くが、パートナーや恋

人だからです。

それなら一緒に暮らしてる親子も同じじゃないの？　という声が聞こえてきそうです。確かに、ストレートに本音をぶつけないようにする点では親子と同じですが、関係性という点での違いがあります。親子の関係性とパートナーの関係性はそれぞれ違う性質を持っているのです。

長い期間を共に過ごしてきた親子には、共通の経験や思い出がたくさんあります。親子で口論しても、翌日や数日後には何事もなかったようにしこりが残らないのは、血縁関係またはそれ同様の絆が幼少期からあるからだと言えるでしょう。

いっぽうパートナーは、大人になってから自分の意思で選んだ関係です。たとえ相手からの熱いアプローチで過ごしているのだとしても、お互いが自由な意思で選んでいますね。育った環境の違い、食生活の違い、考え方の違いからコミュニケーションの取り方まで、違いだらけのことが多いのです。

その違いを認めて歩み寄るという努力に、アサーションが必要になるのです。

一緒に過ごしている期間が長くなると、ちょっとした考え方の違いが価値観の違いに発展し、ついには育った環境も否定することになりかねません。「結局は育ちが違うからだね」「またそれを言うか」という波風が立ってしまうのです。

パートナーや恋人に言いたいことがあるときは、相手が具体的にイメージしやすい例を出して話すと、建設的です。つまり、**例え話を入れるのです。**

義理の両親のことで言いたいことが発生したら、「例えば、○○さんが私のお母さんに同じように言われたらどう?」と聞いてみましょう。自分が体験している姿を想像してもらうことで、「確かにそうだね」と、共感してもらえる可能性があります。共感してもらえたら、そこから本音をオープンに話していけばいいのです。

もし理解してもらえなくて、イライラしてきつい言い方になりそうになったら、価値観が違うことを思い出して**「あなたの考えを聞かせて」**と言って、相手を尊重しましょう。

または、**「ちょっと吐き出してもいい?」**と言ってみるのもいいでしょう。相手が「えっ?」と聞いてきたら、「思ったことを吐き出してもいい?」ともう一度言ってみるのです。よほど弱気な相手でなければ、「どうぞ吐き出して」と答えてくるでしょう。ですが内心は、いったい何を言ってくるのかとヒヤリとするものです。

このヒヤリ感は相手の心に構えをつくる「間」となります。

つまり、あなたの話を聞く態勢になるのです。そして、攻撃的にならないように本音を吐き出していけばいいのです。そして、最後に「吐き出させてくれてありがとう」と聞いてくれた相手に感謝を示しましょう。

逆にパートナーや恋人から本音を吐き出されたときは、途中で遮らず最後まで話を聞いてから、**「すべて吐き出せた?」「もう吐き出すものはない?」**と、確認してみましょう。人間、吐き出すとスッキリするものです。それから「私も吐き出していい?」と言って、思ったことを伝えていけばいいのです。

長い期間を共に過ごしていくパートナーや恋人は、気をつかわず、ありのままの自分でいられる相手がいいに決まっています。それには、言いたいことを我慢しないで伝えるほうが未来に向けて建設的です。

ですが、**長い時間を過ごしてきた親子の関係性より崩れやすいということを念頭において、相手のこれまでの人生を理解することから始めてみましょう。**

その上で例え話を入れたり、ときに吐き出したりして、本音をオープンにしていくと上手くいくでしょう。

パートナーや恋人には卑屈にならないで、自分を責めることなく相手のことも責めないで、何でも言い合える関係でありたいものです。

アサーション、ぜひトライしてみてくださいね。

子ども……

目線は子どもと同じ高さに

毒親という言葉をよく聞くようになりました。

初めてこの言葉を聞いたときは、とてつもなく恐ろしいイメージを感じて、触れてはいけないような違和感を持ったものです。

その毒とは具体的に何を指すのか、知りたいような知りたくないような曖昧さを持っていたある日、30代の知人からそのワードを聞いてハッとしたのです。

「僕の奥さんの母親は、いわゆる毒親でね」

すかさず私は、どう毒親なのかと質問してみました。ひと言で済ませると支配的なんだよねという答えに、それではどう支配的なのかと質問を重ねる私に、知人は快く教えてくれました。

「とにかく、ああしなさいこうしなさいと、口調は常に命令形で強い。夫婦で旅行に行くことを伝えると、あなたたちはいいわね～と皮肉たっぷりに言う。年の暮れが近づくと、うちの親戚には年賀状を出したかと確認する。いくら娘でもお正月に挨拶すら行きたくなくなる気持ちはわかるから、ほぼもう絶縁状態に近いんですよ」

この知人の奥さんは、昔のきびしいお姑さんのような実母に暴言を浴びせられた記憶はあっても、ほめられたことは全くと言っていいほど思い出せないのだそうです。

奥さんは優しい○○さんと出会って救われたのですね、と言うと、「さあどうだかわからないけど、僕の母は穏やかなほうだから、僕の母とはよく会ってお茶や食事をしているみたいですよ」と、知人は嬉しそうでした。

そういえば私の古い友人に、5～6歳の頃「あんたが悪い、あんたがいるから離婚できないんだ」と母親に言われ続けていたという男性がいます。

母親は立ったままの姿勢で怒鳴るように言うから、背の低い子どもの彼は、上を見上げてその罵声を受けとめることになります。

「もう恐怖しかなかった。怖くて怖くて仕方がなかった」と、夜中にフラッシュバックをしたこともあると言っていました。まさに毒親だと言えるでしょう。

このように言葉の暴力を頭上から浴びせられ続けた子どもは、どのようになっていくのでしょう。あくまでも彼の場合ですが、早くも小学4~5年生でグレてしまうのです。社会人として働くようになってからも、立派になった今でも、親への気持ちは複雑なままだと、トラウマに近い心情が顔色に表れていました。

「子どもと話すときは目線を合わせる」

私がこの言葉を初めて聞いたのは、子どもが通っていた幼稚園の先生からでした。お迎えに行くと、下駄箱のところで担任の先生はしゃがんでいます。そして園児一人ひとりに「今日もよくがんばりました。また明日ね、バイバイ」と言って、迎えにきた親にバトンタッチをします。泣いている園児には、「まだ帰りたくないんだよね。まだ絵を描いていたかったよね」と子どもの気持ちになって声をかけているのです。

ある日、約30分間もしゃがみ続けているのは大変でしょうと労いの言葉をかけると、先生はこう言ったのです。

「保育士の養成学校で学んだんです。子どもと話すときにはしゃがんで視線と視線を合わせること。そうすると、子どもの目線（気持ち）になって話すことができる。確かにしゃがむと、園児の視線と平行になるんです」

私たちが、自分よりかなり背の高い人の表情を把握するのが簡単ではないように、子どもも、背の高い大人の表情がよくわかりません。

それだけに、立ったまま注意をされたら、怖いという感情しか生まれないでしょう。

何かを諭すときは、子どもの視線と自分の視線が平行になるようにしゃがんで視線を合わせて話せば、威圧感を与えなくて済むでしょう。

それこそ、子どもの目線（気持ち）になって話すということなのです。

そして子どもが中学生や高校生になっても、大学生や社会人になっても、子どもの目線で話していくことを忘れないようにしていきたいものです。

友人……

フランクな間柄こそ、共感する言葉を忘れずに

最もフランクな関係って何でしょう。お互いに何でも話せて何でも相談できて、気をつかわない間柄をそう呼ぶのだと思いますが、そんなフランクさゆえに、気をつけないといけない落とし穴があるのです。

それは、思いのほか相手を傷つけてしまうという落とし穴です。

そもそも、何を言っても許される関係というのは、自分自身の話や、そこにはいない第三者を話題にしたときに限るのではないでしょうか。

どんなに仲のよい友人でも、人格を否定するような言葉はストレートパンチとなって相手の心に打撃を与えてしまいます。また、相手のそのときの状況を慮ることなく否定的なことを言うと、深く傷つけてしまうこともあるのです。

私はよくカフェを利用するのですが、イヤフォンをして集中していても、隣席の大きな声が自然に耳に入ってくることがあります。

「相変わらずネガティブだね！」「なんで？　なんでそんなにネガティブなの」という声がする方を見ると、学校帰りなのか2人の女子高生が、冷たい飲み物をごくごくと飲んでいます。

ネガティブを連呼された女の子は「そうかなあ、これってネガティブなことなのかなあ」と、笑みを浮かべながら言いつつも、一瞬顔色が変わったのを私は見逃しませんでした。

ネガティブという言葉は、一般的には暗いイメージです。寄り添う言葉もなく、いきなりバッサリとそう言われたら、人格を否定されたような気持ちになります。

せめて最初に**「それはネガティブになってしまうよね」「ネガティブに考えてしまうのはわかるけど」という共感言葉があったら、心にズシンとくるような打撃は受けなくて済むのです。**

加えて、言われたはうにしても、「そっか、ネガティブでごめんね〜」と返せる余裕が、いつもあるとは限らないのです。その後の2人を心配しても仕方がないのですが、嫌な思いをした彼女が、1日でも早く元気になってほしいと案じた日でした。

同じように、共感の言葉がなかったために、長年の親友と距離を取ろうと決心した知り合いの女性がいます。仮にA子さんとします。

A子さんには、高校のときからとても仲のよい友人がいました。高校を卒業してから社会人になるまで、そしてそれぞれが結婚して会える機会が減っても、電話やラインでフランクな関係が続いていたといいます。

ところがA子さんに子どもができ、長い間ワンオペ育児で四苦八苦している姿を目のあたりにした友人の「神経質になり過ぎじゃない？　子どもは放っておいても育つよ」という言葉に、深く傷ついてしまうのです。

もちろん友達は、気をつかわずに言ったのでしょう。A子さんも、子育て以外のことなら、今までのように聞き流せたかもしれません。ですが、数カ月ものワンオペ育児に疲労困憊《こんぱい》し、心身ともに参っていた状況のときに、そんな余裕はなかったのです。

A子さん曰く「せめてひと言でも、『そりゃ神経質になっちゃうよね』『ワンオペは大変だよね』という共感言葉があったなら、距離をおこうとは思わなかった。むしろ、寄り添ってくれていることを感じて救われたはずです」。

気取る必要がなく、精神的に疲れない友人は貴重な存在だと言えるでしょう。

ですが、**何でも言えるからといって、共感するという思いやりを忘れてはならないのです。**

ママ友……

建前の世界だからこそ、最初に相手をほめる

ママ友に本音が言えるようになるまでは、時間がかかります。なぜなら、建前の世界だからです。幼稚園や小学校は「○○ちゃんのママ」「○○くんのママ」というように相手を呼びます。すべては子どもを通しての世界、もっというと自分の子どもを守るための世界と言えるでしょう。それゆえ、面倒くさいことになるのを避けようと、本音が遠ざかるのです。

ある意味それはとてもいいことで、子どもがクッションとなってママ友間にほどよい距離をつくっていると言えます。

入園したばかりの頃や、年少から年中、年中から年長と、クラスが変わったとき、ママ同士はまだ面識が浅い時期です。笑顔で挨拶をしていれば十分でしょう。

ですが、半年くらい経つと、子ども同士が仲がよいことをきっかけに、ママ同士の距離が近づいていきます。少しずつ本音が出せるようになるのがこの頃で、その多くは、子どもの悩みを打ち明けるという形から始まることが多く、そこは大きなメリットだと言えます。

相手のママに上の子どもがいれば、その経験から的確ないいアドバイスをもらうことができるでしょう。相談したママは救われたような気持ちになるものです。そのとき、**「さすが○○くんのママだと思いました。どうもありがとう」**と、ほめてから感謝の気持ちを伝えるようにすると、相手ママの自己肯定感が高まり、「私でよければ、いつでも聞いてね」と、同じ世界にいる共同体のような感覚を持ってくれるでしょう。

ここで注意をした方がいいのは、**一気に多くの悩みを吐き出さないこと**です。相手との付き合いはまだ半年、やっと胸の内を話せるようになったママ友です。

聞いてもらいたい話があったとしても、せめて数日空けてから言うようにしましょう。

そのとき、最初に相手をほめてから打ち明けるようにすると、ママ友の心の余裕を奪わなくて済みます。

「この間はありがとう。的確なアドバイスはさすがだと思いました。実はうちの子のことでまた聞いてほしいのだけど……」

「○○ちゃんのママ、本当に頼りになります。実はちょっと相談があるのだけど……」と、こんな感じです。

子どもの悩みだけでなく、幼稚園や学校のこと、または家族のことも聞いてもらいたいと思ったら、このように最初に相手の自尊心をくすぐるほめ方をしてから話を切り出すようにすると、上手くいくでしょう。

ママ友の世界は、主に子どもが幼稚園や小学校に通っている時期に限ります。

子どもを通しての、期間限定の付き合いだからこそ建前の世界なのです。

そんな建前の世界で、わざわざトラブルを起こす必要はありません。

先ほどお伝えしたように、ママ友に親切にしてもらったときはもちろんのこと、自分の子どもが他の子どもに優しくしてもらったら、**「○○ちゃんは優しいね。うちの子に親切にしてくれてありがとう」と、ママ友の前でその子どもをほめましょう。**

自分の子どもをほめられることは想像以上に嬉しいのです。

相手のママと、その子どもの素晴らしい部分をほめてから本音を伝えるようにして、ママ友時代を上手に卒業しましょう。

本書は、本文庫のために書き下ろされたものです。